LA
CUISINE
AU
NATUREL

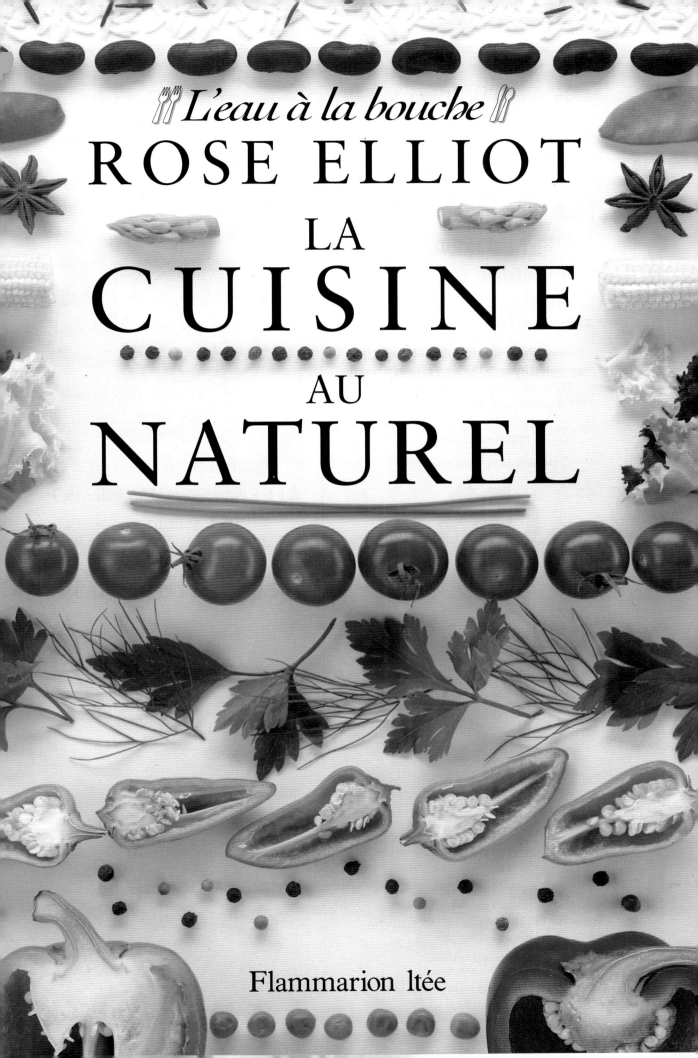

AVANT-PROPOS

Authentique, légère et savoureuse, la cuisine au naturel exalte les saveurs, multiplie les couleurs et les textures, de même qu'elle conserve intacts les vitamines et les sels minéraux indispensables à notre santé.

Son seul impératif : le choix de produits d'une extrême fraîcheur et de toute première qualité.

Bien sûr, on n'a pas toujours le privilège de cultiver son propre potager, mais quoi de plus réjouissant que de contempler les étals du marché, en quête de légumes et de fruits à pleine maturité, tendres et parfumés, dont on imagine déjà le fumet délectable ! Cuits à l'eau ou, mieux, à la vapeur, sautés, poêlés, rôtis, farcis... les légumes peuvent être préparés de mille manières.

Quant aux légumes secs, outre qu'ils sont excellents, ils constituent une mine de protides et de glucides.

Le riz – à grains longs ou ronds, complet, basmati, gluant – est un produit de base qu'il convient d'avoir à portée de la main, et se décline en autant de variantes toutes plus succulentes les unes que les autres.

Les pâtes reines, d'une si grande diversité de formes, de couleurs et de goûts, s'accommodent de très nombreux apprêts et régaleront toujours les petits comme les grands.

Les céréales, indispensables à l'organisme, entrent dans la réalisation de soupes, gratins, grands plats uniques, mais aussi – et peut-être surtout ! – dans la confection de ces merveilleuses crêpes si blondes et si moelleuses.

Et que dire des œufs et des laitages, véritables trésors de la cuisine et dont l'incomparable onctuosité et la qualité

de liant les désignent tout naturellement comme des ingrédients de base, qu'il faut avoir en réserve dans un·coin du réfrigérateur.

Enfin, n'oublions pas les condiments, épices et aromates, dont les subtils parfums, les notes fraîches, douces ou plus prononcées, rehaussent la saveur des aliments et apportent une touche personnelle au plat le plus simple.

Les recettes proposées dans cet ouvrage sont toutes d'une extrême facilité de réalisation. Certaines d'entre elles seront servies sur la table d'un déjeuner ou d'un dîner familial, tandis que d'autres pourront figurer en bonne place au menu d'un repas de fête. Inspirées de la gastronomie du monde entier, classiques ou totalement nouvelles, elles allient variété et originalité, et sauront faire les délices du gourmet le plus intransigeant. Mais elles se veulent avant tout de simples suggestions, que vous pourrez agrémenter ou adapter au gré de votre fantaisie, selon les produits disponibles sur le marché, pour le plus grand plaisir de vos convives.

Rose Elliot

LES PLATS CLASSIQUES

Ce chapitre vous propose de découvrir
dix grands classiques de la cuisine au naturel
et leurs variantes. Du petit chausson léger
à la poêlée à la mode thaï, ou de la terrine
de légumes au soufflé délicat, ces recettes
vous permettront de vous familiariser
avec la réalisation de mets succulents
qui raviront les gourmets.

LES TERRINES

Multicolores, appétissantes, ces terrines de légumes sont faciles à réaliser, délicieuses et variées. Elles peuvent être servies en entrée, ou en plat principal pour un repas léger, et la plupart se consomment aussi bien chaudes que froides. La recette qui suit est parfaite pour 6 personnes, en entrée.

TOMATES, COURGETTES, POIVRON ROUGE ET BASILIC

INGRÉDIENTS

beurre et parmesan râpé pour tapisser le moule
1 cuillerée à soupe d'huile d'olive
1 oignon moyen et 1 gousse d'ail pelés
1 boîte de 400 g de tomates pelées entières
300 g de courgettes coupées en rondelles de 3 mm
1 beau poivron rouge coupé en quatre
3 cuillerées à soupe de crème fraîche légère
2 cuillerées à soupe de parmesan râpé
1 cuillerée à soupe de concentré de tomate
ou, mieux, de tomates séchées
3 œufs battus en omelette
sel et poivre au moulin
1 bouquet de basilic frais

PRÉPARATION

1 Préchauffez le four à 160 °C (thermostat 3). Tapissez le fond et les parois d'un moule à cake d'une feuille de papier sulfurisé, beurrez-le et poudrez-le de parmesan.

2 Faites chauffer l'huile dans une casserole, sur feu moyen, mettez-y l'oignon, couvrez et faites cuire 5 minutes. Ajoutez l'ail et faites cuire 1 minute.

3 Versez-y les tomates et leur jus, baissez légèrement le feu et laissez évaporer tout le liquide à découvert pendant 15 minutes environ, jusqu'à ce que la sauce épaississe. Retirez du feu.

4 Ébouillantez les courgettes, passez-les sous l'eau froide et séchez-les sur du papier absorbant.

5 Préparez le poivron comme indiqué page 144 et coupez-le en lanières.

6 Battez la crème fraîche et ajoutez-la aux tomates, ainsi que le parmesan, le concentré de tomate et les œufs. Assaisonnez et mélangez bien.

7 Remplissez la terrine de couches de légumes, en alternant et en terminant par la tomate.

8 Mettez le moule au four dans un bain-marie (page 147) pendant 1 h 15 environ. Laissez-la refroidir avant de la démouler.

Poivron rouge

Courgette

Tomates en boîte

Ail

Oignon

Huile d'olive

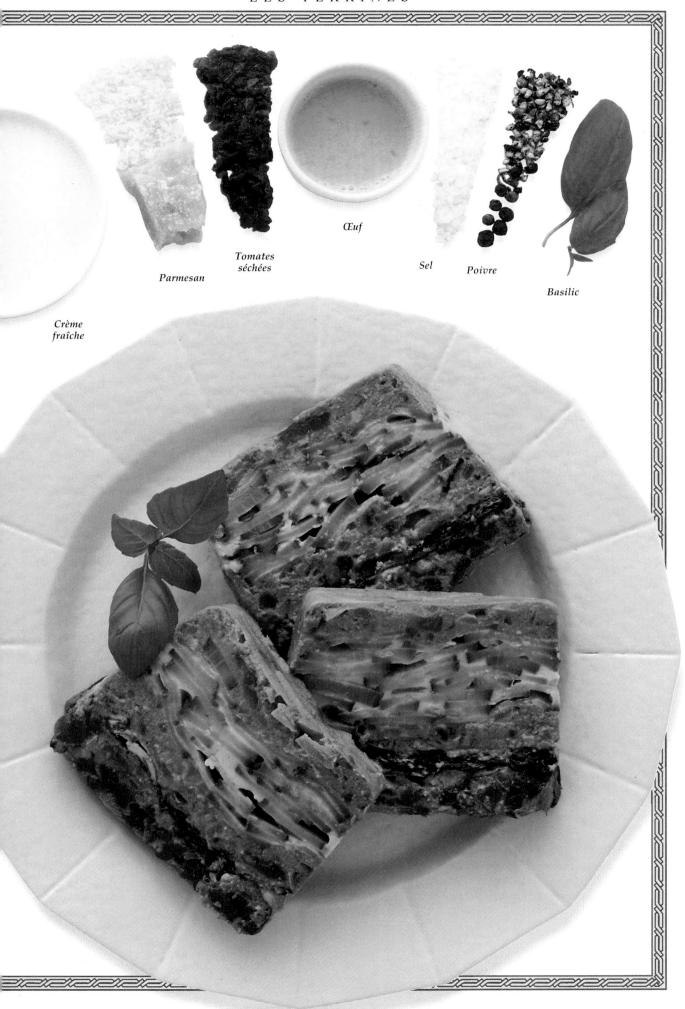

Crème
fraîche

Parmesan

Tomates
séchées

Œuf

Sel

Poivre

Basilic

Un Choix de Terrines

Légumes en Manteau d'Épinards

Des couches de cœurs d'artichauts, d'asperges et de tomates séchées sont recouvertes d'un mélange de fromage blanc battu et de ciboulette hachée, et enveloppées de feuilles d'épinard. La sauce est à base de tomates séchées (page 121) **(voir recette page 67).**

Potiron, Brocolis et Poireaux

C'est la terrine idéale en automne et en hiver ; elle est constituée de purée et de tranches de potiron dont la couleur contraste avec celles des brocolis et des poireaux. Elle est accompagnée d'une sauce au poivron vert (page 120), comme ci-contre, ou d'une mayonnaise battue avec du yaourt grec et garnie de cerfeuil **(voir recette page 69).**

Purées de Légumes

Des couches de purées de carottes, de fèves et de navets, séparées par des filets de cerfeuil, font de cette délicieuse terrine une entrée idéale. Un coulis de tomates fraîches en accompagnement sera parfait. Vous pouvez utiliser d'autres légumes selon les saisons, en veillant au contraste des couleurs et des goûts **(voir recette page 68).**

POIVRONS ET ÉPIS DE MAÏS NAINS

Saveur et couleurs méditerranéennes pour cette terrine d'été à servir en entrée ou en plat principal pour un dîner léger. Une fine sauce au pistou (page 123) et une feuille de basilic en garniture apporteront une note citronnée **(voir recette page 66).**

PETITS POIS ET CHOU-FLEUR À LA MENTHE

Encore une terrine d'été, rafraîchissante et délicieuse avec du yaourt grec relevé de safran (ci-contre) ou d'une sauce hollandaise (page 123). La menthe fraîche rehaussera la douceur des petits pois et la délicatesse du chou-fleur **(voir recette page 67).**

FENOUIL, CAROTTES ET LENTILLES

Ce savoureux mélange de lentilles, de carottes, de fenouil et de persil plat, agrémenté d'une pincée de curcuma, est tout à fait original. Cette terrine est délicieuse froide, en entrée ou pour un buffet. Elle est ici accompagnée d'une sauce au poivron rouge (page 120) et garnie d'un brin d'aneth **(voir recette page 68).**

LES OMELETTES

Une omelette toute simple, cuite à point, moelleuse à l'intérieur et bien dorée à l'extérieur, est toujours un délice. La « technique » est un jeu d'enfant et dépend surtout de la taille de la poêle : si elle est trop grande pour le nombre d'œufs, l'omelette sera trop fine et trop ferme ; trop petite, elle sera trop épaisse et spongieuse. Il existe une infinie variété de garnitures : champignons, ratatouille, et même, pour un repas raffiné, fines lamelles de truffe. Voici une omelette de 2 œufs, pour 1 personne, cuite dans une poêle de 15 cm de diamètre ; des fines herbes hachées sont ajoutées aux œufs battus avant cuisson.

Œuf

Sel

Poivre

Persil plat

OMELETTE AUX FINES HERBES

INGRÉDIENTS

2 œufs extra-frais
sel et poivre au moulin
2 cuillerées à soupe de persil plat haché
1 cuillerée à soupe de ciboulette hachée
1 cuillerée à soupe de cerfeuil haché
1 cuillerée à soupe d'estragon haché
15 g de beurre

PRÉPARATION

1 Cassez les œufs dans un bol et battez-les très légèrement, jusqu'à ce que les blancs et les jaunes soient bien mélangés ; salez, poivrez, ajoutez toutes les fines herbes et battez encore quelques instants.

2 Faites chauffer une petite poêle sur feu doux et, lorsqu'elle est chaude, faites-y fondre le beurre, augmentez le feu, secouez la poêle pour que le beurre se répande uniformément, mais ne le laissez pas brunir.

3 Versez-y les œufs, inclinez la poêle dans tous les sens. Utilisez une fourchette pour rabattre les bords vers l'intérieur et faites couler l'omelette de l'intérieur vers l'extérieur. Au bout de 1 minute environ, l'omelette doit être juste à point : elle est encore moelleuse (mais non baveuse) en surface et prête à être servie.

4 Avec une spatule en bois, décollez-la de la poêle et pliez-la en deux. Vous pouvez également la plier en trois (inspirez-vous de l'illustration de la page 148).

5 Servez et dégustez de suite.

Ciboulette

Cerfeuil

Estragon

Beurre

PAPILLOTES ET CHAUSSONS

Les croustillantes papillotes de « filo » (brick) dorées, fourrées de légumes tendres, sont succulentes et étonnamment simples à réaliser. Utilisez des feuilles de pâte à filo toutes prêtes pour confectionner des plats tels que des chaussons fourrés, comme ici, ou des petites bouchées pour un buffet (voir pages suivantes). Les ingrédients de la farce peuvent être variés à l'infini. Vous pouvez, par exemple, faire un chausson avec des panais et du roquefort à la place des bettes, et remplacer les olives par des pignons de pin. Pour 6 personnes.

CHAUSSON AUX LÉGUMES

INGRÉDIENTS

500 g de bettes (ou blettes), côtes et feuilles
250 g de carottes pelées et coupées en bâtonnets
250 g de fonds d'artichauts coupés en lamelles
2 jaunes d'œufs
15 cl de crème fraîche liquide
2 cuillerées à soupe de persil plat haché
sel et poivre au moulin
1 paquet de feuilles de filo (brick)
beurre fondu
60 g d'olives noires dénoyautées et coupées en rondelles

PRÉPARATION

1 Préchauffez votre four à 200 °C (thermostat 6).
2 Lavez les feuilles de bettes et faites-les cuire après les avoir essorées. Égouttez-les. Pendant ce temps, faites cuire séparément les côtes de bettes et les carottes à l'eau bouillante salée, jusqu'à ce qu'elles soient tendres. Égouttez-les.
3 Mettez tous ces légumes dans un grand saladier, ajoutez l'artichaut, les jaunes d'œufs, la crème fraîche et le persil. Mélangez bien. Salez et poivrez.
4 Étendez un torchon propre sur la surface de travail et étalez-y 2 ou 4 feuilles de filo (selon leur taille), en les faisant se chevaucher de 1 cm pour former un grand rectangle de 50 cm x 45 cm environ. Badigeonnez toute la surface avec le beurre fondu, à l'aide d'un pinceau. Confectionnez un autre rectangle de la même dimension par-dessus le premier et badigeonnez-le également.
5 Étalez la farce régulièrement sur les feuilles de filo, jusqu'à 2,5 cm des bords. Parsemez d'olives et roulez les bords pour former un « ourlet », puis roulez fermement le chausson sur lui-même. Badigeonnez-le de beurre. Pour un meilleur feuilleté, roulez 1 ou 2 autres feuilles de filo beurrées autour du chausson.
6 Posez le chausson sur la plaque à pâtisserie et glissez-le dans le four. Faites-le cuire pendant 35 minutes environ, jusqu'à ce qu'il soit doré.

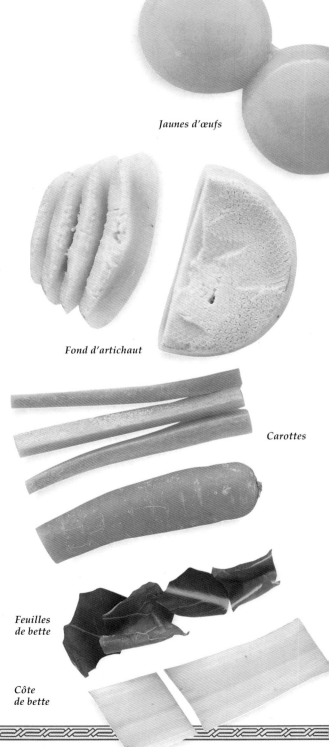

Jaunes d'œufs

Fond d'artichaut

Carottes

Feuilles de bette

Côte de bette

Crème fraîche

Persil plat

Sel

Poivre

Feuilles de
filo enduites
de beurre

Olives
noires

PETITS FEUILLETÉS

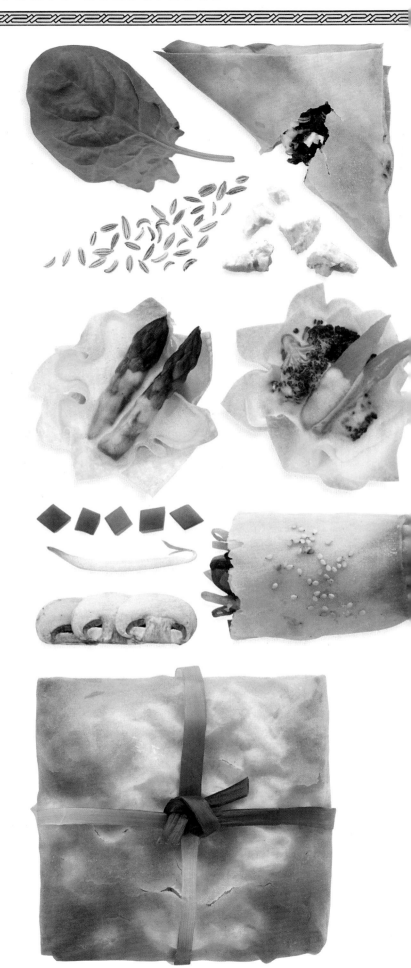

PETITS TRIANGLES À LA GRECQUE

Un mélange de feta et d'épinard aromatisé aux graines de fenouil et à l'oignon haché menu. Petit en-cas délicieux, aussi bien chaud que froid **(voir recette page 110).**

FLEURS AUX ASPERGES

Ces fleurs, composées de petits carrés de feuilles de filo, sont fourrées de pointes d'asperges sauvages nappées d'une fine sauce hollandaise. Vous pouvez également y mettre des brocolis avec des lamelles de tomate. Les fleurs peuvent être préparées à l'avance, mais ne les fourrez qu'à la dernière minute, pour qu'elles restent croustillantes **(voir recette page 109).**

ROULEAUX CHINOIS

Les feuilles de filo sont idéales pour réaliser de délicieux petits rouleaux ; ceux-ci peuvent être frits dans un bain de friture ou bien cuits au four après avoir été parsemés de graines de sésame. La farce, à la manière chinoise, est constituée de poivron vert, de germes de soja et de champignons de Paris **(voir recette page 109).**

PETITS PAQUETS AUX POIREAUX

Ces « paquets » renferment une délicieuse crème veloutée aux poireaux. Pour une présentation originale, refermez-les avec un ruban de poireau préalablement blanchi pour le ramollir et faciliter l'opération **(voir recette page 109).**

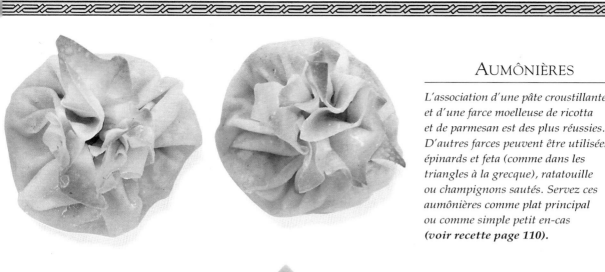

AUMÔNIÈRES

*L'association d'une pâte croustillante
et d'une farce moelleuse de ricotta
et de parmesan est des plus réussies.
D'autres farces peuvent être utilisées :
épinards et feta (comme dans les
triangles à la grecque), ratatouille
ou champignons sautés. Servez ces
aumônières comme plat principal
ou comme simple petit en-cas*
(voir recette page 110).

*Fleurs
aux asperges*

*Fleurs aux brocolis
et aux tomates*

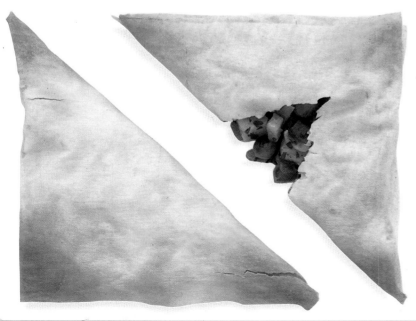

TRIANGLES
AUX LÉGUMES ÉPICÉS

*Ces petits triangles sont fourrés d'un
mélange de légumes légèrement épicé.
Ils constituent une petite entrée très
appréciée, convenant parfaitement pour
un repas indien, et peuvent également
être servis eomme amuse-gueule*
(voir recette page 110).

LES PÂTES

L es pâtes printanières, ou pasta primavera puisqu'il s'agit d'un grand classique italien, sont enrichies de fines herbes et de petits légumes de printemps. Vous pouvez également utiliser d'autres légumes que ceux de cette recette : courgettes, asperges et carottes naines, par exemple. Il faut goûter les pâtes en cours de cuisson et arrêter celle-ci dès qu'elles sont al dente, c'est-à-dire encore légèrement fermes sous la dent. Pour 4 personnes en entrée, pour 2 en plat principal.

PASTA PRIMAVERA

INGRÉDIENTS

175 g de fèves fraîches ou surgelées
30 g de beurre
125 g de haricots verts effilés
125 g de haricots mange-tout effilés
250 g de pâtes en rubans, fettucine ou linguine
2 cuillerées à soupe de persil plat haché
1 cuillerée à soupe d'aneth haché
1 cuillerée à soupe de ciboulette hachée
sel et poivre au moulin

PRÉPARATION

1 Cuire les fèves à l'eau bouillante pendant 2 minutes environ, pour les attendrir. Égouttez-les, attendez qu'elles refroidissent et ôtez les peaux. Réservez-les dans une casserole avec le beurre.

2 Versez 2 l d'eau salée dans un grand faitout et portez à ébullition.

3 Faites cuire les haricots verts couverts d'eau bouillante salée, de 3 à 4 minutes, pour les attendrir. Égouttez-les et ajoutez-les aux fèves.

4 Mettez les haricots mange-tout dans une petite casserole, couvrez d'eau bouillante salée et laissez cuire pendant 1 minute. Égouttez-les et ajoutez-les aux autres légumes.

5 Lorsque l'eau du faitout bout à gros bouillons, mettez-y les pâtes et faites repartir l'ébullition. Remuez rapidement les pâtes et laissez bouillir quelques minutes, jusqu'à ce qu'elles soient al dente; il est impératif de goûter pour arrêter à temps la cuisson.

6 Égouttez les pâtes en réservant un fond d'eau dans le faitout, reversez-les dans le faitout chaud, ajoutez-y les légumes, le beurre fondu, les fines herbes et remuez. Rectifiez l'assaisonnement. Mélangez bien et servez immédiatement.

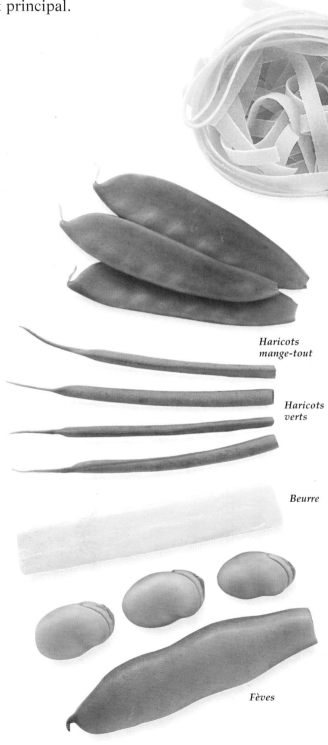

Haricots
mange-tout

Haricots
verts

Beurre

Fèves

Persil plat

Aneth

Ciboulette

Sel

Poivre

Fettuccine

LES LÉGUMES FARCIS

Beaucoup de légumes peuvent être remplis de farce, dont les ingrédients sont extrêmement variés. Les légumes farcis sont des mets savoureux qui seront servis au cours d'un dîner léger. Les artichauts, en particulier, constituent une entrée originale. Pour 4 personnes.

ARTICHAUTS FARCIS À LA TOMATE

INGRÉDIENTS

*4 gros artichauts dont vous aurez au préalable retiré
la queue et coupé l'extrémité des feuilles externes
1/2 citron*

FARCE

*1 cuillerée à soupe d'huile d'olive
1 petit oignon haché
1 gousse d'ail hachée
1 boîte de 400 g de tomates pelées
grossièrement hachées, avec leur jus
sel et poivre au moulin
8 feuilles de basilic grossièrement hachées
quelques brins de ciboulette grossièrement hachés*

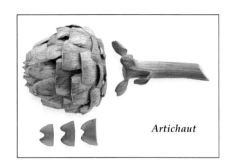

Artichaut

Citron

Huile
d'olive

PRÉPARATION

1 Vérifiez que les feuilles externes des artichauts sont coupées régulièrement et citronnez les parties tranchées pour les empêcher de noircir. Emplissez d'eau un faitout pouvant contenir les 4 artichauts, salez et portez à ébullition.

2 Mettez les artichauts dans l'eau bouillante et couvrez-les d'une petite assiette afin qu'ils restent immergés. Laissez-les cuire 30 minutes environ, jusqu'à ce que les feuilles se détachent facilement. Faites-les égoutter dans une passoire.

3 Préchauffez le four à 180 °C (thermostat 4).

4 Préparez la farce. Faites chauffer l'huile dans une casserole, à feu modéré, mettez-y l'oignon, couvrez et laissez cuire 5 minutes. Ajoutez l'ail et laissez cuire encore 1 à 2 minutes. Versez les tomates et leur jus, et faites réduire à découvert pendant 15 minutes. Retirez du feu, assaisonnez et parsemez de basilic.

5 Ôtez les petites feuilles internes et le foin des artichauts à l'aide d'une petite cuillère, puis farcissez-les et disposez-les dans un plat allant au four, que vous recouvrez d'une feuille d'aluminium. Enfournez et laissez cuire 20 minutes.

6 Servez sur des assiettes chaudes les artichauts décorés des brins de ciboulette. Pour les manger, détachez les feuilles une par une et plongez la partie tendre dans la farce avant de les déguster.

Oignon

Ail

Tomates en boîte

Sel

Poivre

Basilic

Ciboulette

COULEURS ET SAVEURS

AVOCATS AU CITRON VERT PIMENTÉS

*Ces avocats, farcis avec un mélange d'oignon, d'ail, de piment, de ciboulette et de citron, ne doivent passer au four que pour être réchauffés : trop cuits, ils perdent leur saveur. On les sert garnis de tranches de citron et de fines herbes : il s'agit, sur la photo ci-contre, de coriandre (**voir recette page 63**).*

AUBERGINES NAINES FARCIES AUX CHAMPIGNONS

*On a mélangé des tomates et du persil aux champignons et aux pignons qui composent la farce de ces délicieuses aubergines naines. On peut aussi réaliser ce plat avec des aubergines normales si l'on ne trouve pas de ces légumes nains sur le marché. Ce plat est aussi savoureux froid que chaud (**voir recette page 64**).*

POIVRONS FARCIS AUX LÉGUMES GRILLÉS

*Voici une préparation très décorative pour servir des légumes grillés, d'autant plus facile à réaliser que les poivrons et les légumes sont cuits en même temps. Le basilic est utilisé ici en garniture (**voir recette page 65**).*

TOMATES FARCIES AUX HERBES

*Le thym mélangé à de la chapelure, de l'huile d'olive et du persil (que l'on peut également utiliser en garniture) parfume une farce particulièrement savoureuse. C'est un plat d'été idéal, car c'est la pleine saison aussi bien des tomates que des herbes aromatiques, dont les senteurs évoquent la Provence **(voir recette page 65).***

CHAMPIGNONS AU FROMAGE

*La crème de fromage, relevée d'ail et de fines herbes, constitue la plus simple et la plus délicieuse des farces pour les champignons. On peut utiliser des champignons de toute taille pour réaliser ce plat, mais il vaut mieux les choisir néanmoins à tête plate largement ouverte. Le zeste de citron (page 145) et l'aneth tranchent sur la blancheur de la crème **(voir recette page 65).***

COURGETTES AUX AMANDES ET AUX POIVRONS ROUGES

*Ce plat est une heureuse association des saveurs, des textures et des couleurs. On peut remplacer le poivron rouge par du poivron jaune, et les amandes par des pignons ou des pistaches. Le thym frais, ajouté à la farce, est ici également utilisé comme décor **(voir recette page 63).***

LES SOUFFLÉS

Le soufflé « n'attend pas » : il doit être servi dès qu'il est sorti du four, et c'est un plat qui impressionne toujours les invités. En revanche, sa réalisation est facile et peut être faite à l'avance. Il faut choisir un plat suffisamment profond pour que la préparation ne déborde pas pendant la cuisson. Ce délicieux soufflé doré constituera un plat principal pour 3 personnes.

SOUFFLÉ AUX QUATRE FROMAGES

INGRÉDIENTS

30 g de beurre, plus 10 g pour graisser le moule
30 g de farine
30 cl de lait
5 œufs (4 jaunes et 5 blancs)
45 g de parmesan râpé
45 g de gruyère râpé
30 g de roquefort émietté
30 g de mozzarella coupée en petits dés
sel et poivre noir au moulin
quelques capucines pour la garniture

Parmesan

Jaunes d'œufs

Lait

Farine

Beurre

PRÉPARATION

1 Travaillez le beurre dans une casserole et incorporez-y la farine, puis versez doucement le lait pour faire une béchamel, comme il est expliqué page 148. Faites cuire à feu très doux pendant 10 minutes, puis laissez tiédir.
2 Ajoutez les 4 jaunes d'œufs (réservez le cinquième dans une tasse pour un usage ultérieur) et les fromages. Mélangez et assaisonnez. Versez cette préparation dans une terrine.

Vous pouvez préparer tout cela à l'avance et conserver vos blancs d'œufs et votre terrine de fromages, couverts, au réfrigérateur.

3 Préchauffez le four à 200 °C (thermostat 6). Beurrez un plat à soufflé de 1,5 l environ et recouvrez la paroi latérale d'un papier sulfurisé que vous laisserez dépasser de 5 cm.
4 Battez les blancs d'œufs en neige pas trop ferme dans un récipient. Prenez 2 cuillerées de blanc d'œuf à l'aide d'une cuillère à soupe et incorporez-les très doucement au mélange de fromages. Incorporez ainsi tout le blanc d'œuf.
5 Versez le mélange dans le plat à soufflé. Pour que le soufflé monte « en chapeau », tracez, avec le manche d'une cuillère en bois, un cercle à la surface de la préparation.
6 Enfournez et laissez cuire 25 minutes environ. Servez immédiatement.

Gruyère

Roquefort

Mozzarella

Sel

Poivre

Blanc d'œuf battu
en neige

Capucine

LES TARTES SALÉES

Le secret, pour réussir une tarte savoureuse, est de badigeonner la croûte d'huile chaude et de précuire la garniture. On obtient alors une garniture moelleuse dans une croûte bien croustillante. Voici une recette pour réaliser 4 délicieuses tartes individuelles, garnies de tendres brocolis et de fromage de Brie crémeux.

TARTES AU BROCOLI ET AU BRIE

INGRÉDIENTS

PÂTE

4 fonds de pâte à tarte de 10 cm de diamètre
(pages 150-151)
2 cuillerées à soupe d'huile d'olive
1 gousse d'ail émincée
1 échalote émincée

GARNITURE

125 g de bouquets de brocoli
1 œuf
15 cl de crème fraîche
sel et poivre au moulin
noix muscade fraîchement râpée
2 cuillerées à soupe de parmesan râpé
60 g de brie en fines tranches
1 ou 2 cuillerées à soupe de pignons

PRÉPARATION

1 Préchauffez le four à 200 °C (thermostat 6).
2 Préparez et cuisez les fonds de tartes, comme expliqué pages 150-151. Environ 5 minutes avant la fin de la cuisson, faites chauffer de l'huile d'olive dans une casserole et mettez-y l'ail et l'échalote jusqu'à ce qu'ils soient bien dorés. Dès que les fonds de tartes sont sortis du four, enduisez-les d'huile chaude pour les parfumer.
3 Baissez le four à 160 °C (thermostat 3).
4 Faites blanchir les brocolis dans un fond d'eau bouillante, de 3 à 4 minutes. Passez-les sous l'eau fraîche et laissez-les égoutter dans une passoire.
5 Pour faire la garniture, cassez l'œuf dans un bol et battez-le avec la crème. Versez le mélange dans une casserole et faites-le épaissir à feu très doux. Dès qu'il commence à attacher, retirez-le du feu et assaisonnez en ajoutant le sel, le poivre, la noix muscade et la moitié du parmesan.
6 Disposez les tranches de brie et les bouquets de brocoli sur les fonds de tartes et nappez-les de la préparation. Parsemez le dessus des pignons et du reste de parmesan. Enfournez et laissez cuire de 20 à 25 minutes. Servez chaud, tiède ou froid.

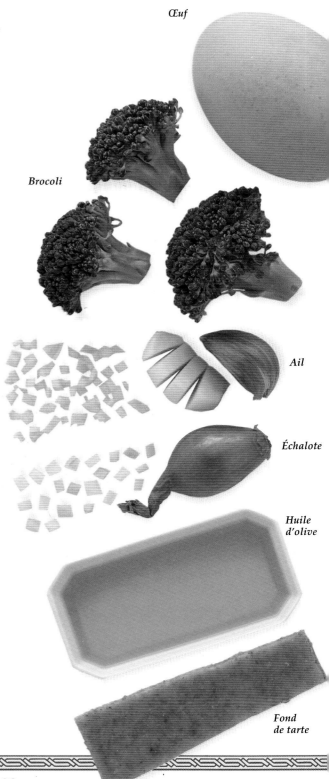

Œuf

Brocoli

Ail

Échalote

Huile d'olive

Fond de tarte

Crème fraîche

Sel

Poivre

Noix muscade

Fromage de Brie

Parmesan

Pignons

LES PETITES TARTES

BARQUETTES AUX TOMATES CERISES

*Ces tartelettes en forme de barquette sont garnies de tomates cerises cuites dans un mélange d'œuf et de crème. La pâte, précuite ou non, doit être très fine **(voir recette page 105).***

Olive noire et tomate

Feta, roquette et tomate séchée

FLAMICHE AU POIREAU ET AU SÉSAME

*Cette délicieuse garniture est faite de poireaux fondants et de pâte de sésame. La pâte peut être précuite et badigeonnée d'huile chaude, comme il est expliqué page 151, pour rendre la croûte croustillante et dorée **(voir recette page 105).***

MINI-TARTES

*Ces mini-tartes peuvent être garnies d'ingrédients variés et originaux : avocat et oignons nouveaux, petites carottes nouvelles à la cardamome. Ces amuse-gueule figureront avec bonheur sur la table d'un buffet campagnard **(voir recette page 105).***

Avocat et oignon de printemps

Carotte et cardamome

BARQUETTES AUX POIVRONS

La pâte précuite reçoit une garniture moelleuse constituée de fines lanières de poivrons rouges et jaunes. Les feuilles de basilic apportent saveur et couleur **(voir recette page 105)**.

TARTELETTES MÉDITERRANÉENNES

Ces tartelettes, dont la pâte a été précuite, révèlent tous les parfums de la Méditerranée : un épais coulis de tomates fraîches avec des olives noires, de la feta coupée en petits dés, de la roquette et des tomates séchées. À servir en entrée ou en plat lors d'un buffet **(voir recette page 105)**.

TARTE AU ROQUEFORT, À L'OIGNON ET AUX AMANDES

La saveur prononcée du roquefort contraste parfaitement avec le goût des amandes. Vous pouvez cependant utiliser un autre fromage (gruyère ou cantal, par exemple) pour une saveur plus douce **(voir recette page 105)**.

LES POÊLÉES

Cette façon de cuire les légumes nous vient d'Extrême-Orient : ils sont d'abord coupés en petits morceaux ou en fines lanières, puis sautés vivement dans de l'huile chaude et parfumée. Cette méthode permet aux légumes, cuits très rapidement, de conserver leurs arômes et leur texture croquante. Pour réussir une poêlée, il est indispensable de préparer les ingrédients à l'avance et de les faire cuire sans cesser de remuer. Servie avec du riz, une poêlée constitue un plat principal délicieux. Celle que nous présentons ici est d'inspiration thaïlandaise, et parfumée de citronnelle, d'anis étoilé, de piment, de citron vert, de coriandre et de sauce soja. Pour 4 personnes.

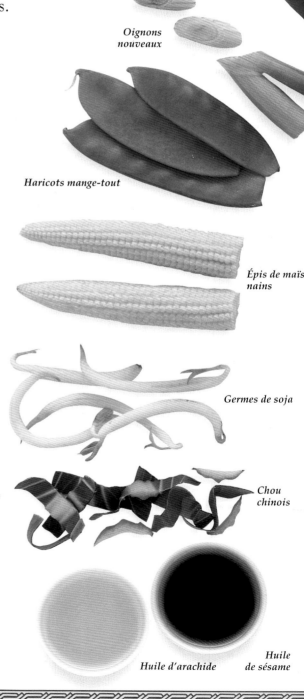

Oignons nouveaux

Haricots mange-tout

Épis de maïs nains

Germes de soja

Chou chinois

Huile d'arachide

Huile de sésame

POÊLÉE THAÏLANDAISE

INGRÉDIENTS

1 cuillerée à soupe d'huile de sésame
1 cuillerée à soupe d'huile d'arachide
175 g de chou chinois coupé en lanières
250 g de germes de soja
125 g d'épis de maïs nains
125 g de haricots mange-tout effilés
1 botte d'oignons nouveaux pelés et hachés
1 poivron rouge pelé, épépiné et coupé
en fines lanières
125 g de champignons de Paris finement émincés
1 tige de citronnelle coupée en fines rondelles
1 piment vert égrainé et finement haché
1 ou 2 fleurs d'anis étoilé égrainées
et finement pilées
1 cuillerée à soupe de sauce soja
le jus et le zeste de 1 citron vert
2 ou 3 cuillerées à soupe de coriandre
finement ciselée

PRÉPARATION

1 Versez les huiles dans un wok ou dans une grande poêle et faites chauffer sur feu vif.
2 Lorsque les huiles sont bien chaudes et qu'elles commencent à fumer, jetez-y tous les légumes et ajoutez les épices et les aromates. Remuez vigoureusement à l'aide d'une spatule en bois, pendant 2 à 3 minutes, jusqu'à ce que les légumes soient bien chauds mais encore croquants.
3 Versez alors la sauce soja et le jus de citron vert, le zeste et la coriandre. Remuez jusqu'à ce que les légumes grésillent et servez immédiatement.

Jus de citron vert

Champignons de Paris

Citronnelle

Piment

Anis étoilé

Sauce soja

Zeste de citron vert

Coriandre

Poivron rouge

LES ROULADES

Les tranches de roulade, avec leurs spirales multicolores, sont toujours très spectaculaires. Elles sont souvent à base de fromage râpé, tel que le gruyère, mélangé à des œufs battus. La garniture peut être complétée par des épinards, des asperges, des noix de cajou. Servez la roulade ci-dessous en entrée, avec un coulis de tomates fraîches (page 121). Pour 6 personnes.

ROULADE AU GRUYÈRE, AUX HERBES ET AUX ASPERGES

INGRÉDIENTS

beurre et parmesan râpé pour tapisser le moule
175 g de fromage blanc non battu (cottage)
15 cl de crème fraîche
4 œufs (blancs et jaunes séparés)
200 g de gruyère râpé
3 cuillerées à soupe de fines herbes : cerfeuil, persil plat
sel et poivre au moulin
400 g de pointes d'asperges

PRÉPARATION

1 Préchauffez le four à 200 °C (thermostat 6). Tapissez un moule de papier sulfurisé, beurrez-le et poudrez-le de parmesan.

2 Mettez 60 g de fromage blanc dans un grand saladier, puis la crème fraîche, et fouettez le tout jusqu'à ce que le mélange soit onctueux. Battez les jaunes d'œufs en les incorporant un par un, ajoutez le gruyère et les fines herbes. Salez et poivrez.

3 Battez les blancs d'œufs en neige pas trop ferme dans un autre saladier et incorporez-les, cuillerée par cuillerée, au mélange précédent. Versez cette préparation dans le moule, lissez la surface à l'aide d'une cuillère, puis enfournez et laissez cuire de 12 à 15 minutes, le temps qu'elle se raffermisse.

4 Sortez le moule, retournez-le sur une surface plane et ôtez le papier sulfurisé de la roulade.

5 Préparez la garniture : lavez les asperges et pelez-les, n'en gardez que les pointes ; ébouillantez-les de 4 à 7 minutes, jusqu'à ce qu'elles soient tendres.

6 Mélangez le fromage blanc restant avec 2 cuillerées à soupe d'eau et versez-le sur la roulade. Rangez les asperges les unes à côté des autres sur la roulade. Roulez-la sur elle-même comme il est indiqué page 95.

7 Servez-la découpée en tranches ou replacez-la dans le four, enroulée dans une feuille de papier sulfurisé, et faites-la réchauffer à 180 °C (thermostat 4), pendant 15 minutes environ.

Gruyère

Jaunes d'œufs

Crème fraîche

Fromage blanc non battu

Persil plat

Cerfeuil

Blancs d'œufs
en neige

Sel

Poivre

Pointes
d'asperges

UN FESTIVAL DE ROULADES

GRUYÈRE ET POIVRONS ROUGES

*Des poivrons rouges bien grillés relèvent la saveur de la préparation au gruyère et offrent un vif contraste de couleurs. Une petite sauce à la ciboulette (page 123) accompagne ce plat décoré de feuilles d'origan (**voir recette page 94**).*

ÉPINARDS, FROMAGE BLANC ET POIVRON

*Voici une roulade d'épinards avec une couche de fromage blanc et des lanières de poivron grillé. La couleur et la saveur de la sauce au poivron jaune (page 120) apportent un complément idéal, et le basilic ajoute une note parfumée (**voir recette page 96**).*

GRUYÈRE, HERBES ET ROQUETTE

*Le goût poivré de la roquette contraste avec celui, douceâtre, de l'avocat. D'autres salades à feuilles vertes, mâche ou bien cresson, peuvent remplacer la roquette. Servez cette roulade froide, accompagnée d'un coulis de tomates, et garnissez-la de feuilles de roquette (**voir recette page 94**).*

ROULADE AUX HARICOTS ROUGES

Cette roulade originale est très moelleuse. Découpez-la en tranches et servez-la sur des assiettes individuelles plutôt que sur un plat de service, et remettez délicatement les tranches en forme à l'aide d'une pelle à tarte. Une sauce à l'avocat (page 123) complète la présentation. Garnissez de coriandre ciselée (voir recette page 116).

FROMAGE, HERBES ET CHAMPIGNONS

La sauce au vin rouge (page 121) qui accompagne cette roulade lui confère toute son originalité et en fait un plat idéal pour un repas de fête. Vous pouvez utiliser toutes sortes de champignons. Garnissez d'une branche de thym (voir recette page 94).

NOIX DE CAJOU ET BROCOLIS

Cette succulente roulade sera réalisée pour une occasion un peu exceptionnelle. Servez-la avec une sauce hollandaise (page 123) et garnie d'une feuille de persil plat. Des noix de pecan ou des noix fraîches peuvent remplacer les noix de cajou. Pour un plat plus léger, servez-la avec du fromage blanc battu (voir recette page 96).

LES CRÊPES

L égères et succulentes, les crêpes peuvent être fourrées
d'ingrédients variés. Ici, elles sont garnies d'une crème
de poireau et d'estragon. Pour 4 personnes.

CRÊPES À LA CRÈME DE POIREAU ET D'ESTRAGON

INGRÉDIENTS

pâte à crêpes (page 149)
huile d'olive pour la cuisson
500 g de blancs de poireau coupés en rondelles
400 g de crème fraîche
1 cuillerée à soupe de persil plat ciselé
2 cuillerées à soupe d'estragon ciselé
sel et poivre au moulin

PRÉPARATION

1 Préchauffez le four à 180 °C (thermostat 4);
vous y garderez les crêpes au chaud.
2 Faites chauffer une poêle de 15 cm de diamètre
environ et enduisez-la d'un peu d'huile. Dès que
l'huile grésille, ôtez la poêle du feu et versez-y
juste assez de pâte pour en recouvrir le fond
(2 cuillerées à soupe). Replacez la poêle sur
le feu et cuisez la crêpe pendant 1 minute
environ. Retournez-la avec une spatule.
3 Faites cuire l'autre face jusqu'à ce qu'elle soit
légèrement dorée; quelques secondes suffisent.
Faites glisser la crêpe sur une feuille de papier
sulfurisé. Procédez de la même façon pour les
crêpes suivantes. Couvrez d'une autre feuille de
papier sulfurisé et maintenez les crêpes au chaud
dans le four.

*Vous pouvez préparer les crêpes à l'avance.
Enveloppez-les dans du papier sulfurisé et
gardez-les dans le réfrigérateur pendant
3 jours au plus, ou 3 mois dans le congélateur.*

4 Couvrez les poireaux d'eau bouillante salée et
laissez-les cuire de 5 à 7 minutes environ, jusqu'à
ce qu'ils soient ramollis. Égouttez-les.
5 Placez-les dans une casserole sur feu doux, avec
la crème fraîche; laissez réduire la crème à petits
bouillons pendant 10 minutes, jusqu'à ce qu'elle soit
un peu épaisse et que les poireaux soient tendres.
Ajoutez les fines herbes, salez et poivrez.
6 Sortez les crêpes du four, pliez-les en deux puis
en quatre, et glissez la garniture sous le pli
supérieur à l'aide d'une cuillère; servez de suite.

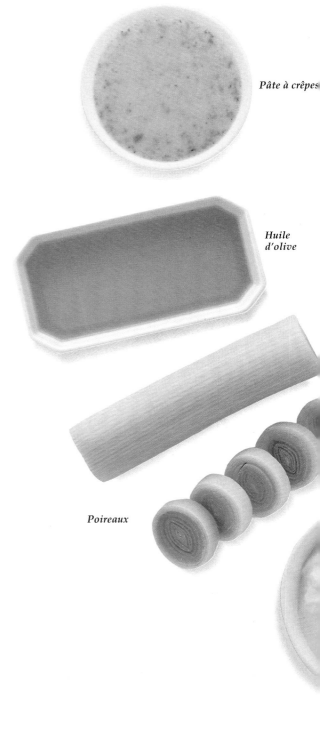

Pâte à crêpes

Huile d'olive

Poireaux

Crème fraîche

Persil plat

Estragon

Sel

Poivre

LES RECETTES

Cette superbe sélection de recettes provient
de toutes les régions du monde. Vous pourrez
ainsi confectionner des plats tels que la tempura,
le gaspacho, le taboulé, les falafels et les okras.
Mais la gastronomie française est largement
représentée dans cet ouvrage, avec ses soufflés,
roulades, crêpes et terrines. L'un des plaisirs de
la cuisine au naturel réside dans sa souplesse
d'utilisation : une même recette peut constituer
une entrée, un plat principal ou un plat unique.
Afin de simplifier votre tâche, des menus types
vous sont proposés (pages 134 à 141) et vous
permettront de composer des repas
complets pour toutes les
occasions, du dîner rapide
au repas de fête.

LES SOUPES

Les soupes ne sont pas bien compliquées à préparer; certaines, des plus classiques sont simplement à base de légumes légèrement revenus au beurre ou à l'huile d'olive et cuits à l'eau, qui sont alors réduits au mixeur, puis servis tels, ou passés au chinois si l'on préfère le velouté. La crème fraîche et les fines herbes ciselées leur apportent onctuosité et saveur. Il est possible de préparer un bouillon de base, qui se congèle bien, mais les soupes sont encore meilleures quand elles viennent d'être confectionnées.

BOUILLON DE LÉGUMES

Prenez l'habitude de garder l'eau de cuisson des légumes que vous cuisinez et vous aurez en permanence un excellent bouillon de base. La recette ci-dessous est prévue pour 1 litre de bouillon environ.

INGRÉDIENTS

*1 kg de légumes divers lavés et découpés
2 feuilles de laurier
1 cuillerée à café de poivre en grains
1 ou 2 branches de thym
le zeste de 1 citron (facultatif)*

PRÉPARATION

1 Mettez tous les légumes, les aromates et le poivre dans une casserole contenant 1,25 l d'eau salée; portez à ébullition. Couvrez et laissez cuire à petits bouillons de 30 à 40 minutes.
2 Laissez le bouillon refroidir et passez-le au travers d'une passoire dans un récipient creux. Couvrez-le et gardez-le au réfrigérateur; il se conservera 4 jours. Vous pouvez aussi le congeler par petites quantités et l'utiliser selon vos besoins.

VARIANTE

Pour obtenir un bouillon encore plus savoureux, ajoutez des champignons hachés.

SOUPE AUX TOMATES FRAÎCHES

C'est la plus facile et la plus délicieuse soupe à la tomate. Elle est meilleure en été, quand les tomates sont à pleine maturité. Utilisez des tomates fraîches, jamais des conserves. Cette soupe est également excellente glacée, préparée à l'huile d'olive à la place du beurre. Pour 4 personnes.

INGRÉDIENTS

*30 g de beurre ou 2 cuillerées à soupe d'huile d'olive
1 oignon moyen haché
2 kg de tomates bien mûres coupées en quatre
sel et poivre au moulin
1 pincée de sucre
15 cl de crème fraîche (facultatif)
quelques feuilles de basilic (facultatif)*

PRÉPARATION

1 Faites fondre le beurre ou chauffez l'huile dans une grande casserole sur feu moyen, mettez-y l'oignon, couvrez et laissez-le ramollir pendant 5 minutes environ.
2 Ajoutez les tomates, couvrez de nouveau et laissez-les fondre de 10 à 15 minutes, jusqu'à ce qu'elles soient en purée.
3 Versez la soupe dans le bol d'un robot électrique ou dans un moulin à légumes et réduisez-la en fine purée. Passez-la au chinois et reversez-la dans une autre casserole (si vous la servez chaude) ou dans une soupière (si vous la servez froide). Allongez-la d'un peu d'eau si nécessaire. Salez, poivrez et ajoutez la pincée de sucre; remuez bien.
4 Replacez la casserole sur le feu ou placez la soupière dans le réfrigérateur. Vous pouvez également ajouter un filet de crème fraîche et parsemer la surface de quelques feuilles de basilic.

SOUPE AUX CHAMPIGNONS, AU FROMAGE ET AU PERSIL

*Bien que meilleure mixée, cette soupe, rapide
à faire, est savoureuse telle quelle. Si vous la servez
ainsi, présentez le fromage à part, chaque convive
se servant selon son goût. Elle sera délicieuse faite
avec un bouillon de base, mais vous pouvez
la préparer à l'eau. Pour 4 personnes.*

INGRÉDIENTS

*1 cuillerée à soupe de beurre
1 cuillerée à soupe d'huile d'olive
1 oignon moyen haché
1 ou 2 gousses d'ail hachées
500 g de champignons émincés
60 cl d'eau ou de bouillon de base
15 cl de crème fraîche
4 cuillerées à soupe de persil plat ciselé
sel et poivre au moulin
90 g de fromage (type comté) râpé*

PRÉPARATION

1 Faites chauffer le beurre et l'huile dans une grande
casserole sur feu moyen, mettez-y l'oignon, couvrez
et laissez-le ramollir pendant 5 minutes environ.
2 Ajoutez l'ail et les champignons, et laissez-les
cuire à découvert de 5 à 10 minutes.
3 Versez l'eau ou le bouillon de base dans la
casserole, portez à ébullition, couvrez de nouveau
et laissez mijoter pendant 10 minutes environ.
Retirez la casserole du feu et mélangez-y la crème
fraîche et le persil.
4 Si vous préférez ne pas mixer la soupe, salez-la,
poivrez-la et servez-la de suite, accompagnée
d'un bol de fromage râpé.
5 Pour émulsionner la soupe, ajoutez le fromage
râpé, versez dans le bol d'un robot électrique
et actionnez l'appareil. Salez et poivrez. Replacez
la casserole sur le feu et faites réchauffer tout
doucement sans faire bouillir. Servez de suite.

SOUPE D'ÉPINARD AUX PIGNONS GRILLÉS

*De tendres feuilles d'épinard permettent
la confection d'une soupe onctueuse, parfaite
au printemps ou en été. Des pignons de pin
grillés lui donnent une saveur particulière.
Pour 4 personnes.*

INGRÉDIENTS

*15 g de beurre
1 cuillerée à soupe d'huile d'olive
1 oignon moyen haché
400 g de jeunes feuilles d'épinard
60 cl d'eau ou de bouillon de base
15 cl de crème fraîche
noix muscade fraîchement râpée
sel et poivre au moulin
60 g de pignons de pin*

PRÉPARATION

1 Faites chauffer le beurre et l'huile dans une
grande casserole sur feu moyen, mettez l'oignon,
couvrez et laissez-le ramollir pendant 5 minutes
environ. Ajoutez les épinards, couvrez et laissez-
les fondre pendant 5 autres minutes.
2 Versez l'eau ou le bouillon de base dans la
casserole, portez à ébullition, couvrez et laissez
mijoter 15 minutes environ. Retirez la casserole
du feu et versez-y la crème fraîche. Remuez bien.
3 Versez la soupe dans le bol d'un robot électrique
ou dans un moulin à légumes, et réduisez-la en
purée. Allongez-la d'un peu d'eau si nécessaire.
Salez, poivrez et muscadez. Replacez la soupe
dans la casserole et réchauffez-la doucement sans
laisser bouillir.
4 Pendant que la soupe réchauffe, faites griller les
pignons de pin de 1 à 2 minutes, afin qu'ils soient
blonds et dorés.
5 Répartissez la soupe dans des bols individuels
et parsemez chaque bol de pignons.

MINESTRONE

Accompagnée de fromage râpé et de pain, cette soupe constitue un plat principal. Elle est également délicieuse réchauffée et servie le lendemain. Pour 4 personnes.

INGRÉDIENTS

4 cuillerées à soupe d'huile d'olive
1 gros oignon émincé
3 branches de céleri coupées en petits dés
3 belles carottes coupées en petits dés
400 g de tomates pelées en boîte
3 gousses d'ail hachées
3 cuillerées à soupe de concentré de tomate
3 belles pommes de terre pelées et coupées en dés
90 g de macaroni coupés
sel et poivre au moulin
1 petit bouquet de persil plat ciselé

PRÉPARATION

1 Faites chauffer l'huile dans une grande casserole, sur feu moyen, mettez-y l'oignon, le céleri et les carottes, couvrez et laissez cuire pendant 10 minutes.
2 Versez les tomates, concassez-les avec une spatule en bois, ajoutez l'ail, le concentré de tomate et 2 l d'eau. Portez à ébullition, couvrez de nouveau et laissez cuire doucement encore 10 minutes.
3 Ajoutez les pommes de terre, portez de nouveau à ébullition et laissez cuire 10 minutes de plus.
4 Incorporez les pâtes et laissez-les cuire pendant 10 minutes. Salez et poivrez, puis parsemez de persil juste avant de servir.

VARIANTE

De nombreux autres légumes peuvent entrer dans la composition de cette soupe : chou, poireaux, céleri-rave, courgettes... Les haricots blancs ou les pois chiches en boîte conviennent également. Utilisez le liquide des tomates pour allonger la soupe si nécessaire.

SOUPE AUX BETTERAVES, AUX POMMES ET AU RAIFORT

Vous gagnerez du temps en utilisant des betteraves précuites et pelées, mais évitez celles qui sont préparées au vinaigre. Cette soupe, variante du célèbre borchtch, sera servie chaude ou froide, selon la saison. Pour 4 personnes.

INGRÉDIENTS

15 g de beurre
1 cuillerée à soupe d'huile d'olive
1 oignon moyen haché
2 petites pommes reinettes coupées en tranches
150 g de pommes de terre pelées et coupées en dés
350 g de betteraves précuites coupées en dés
1 petite pincée de clous de girofle pilés
sel et poivre au moulin
1 filet de jus de citron
15 cl de crème aigre liquide
1 ou 2 cuillerées à soupe de raifort

PRÉPARATION

1 Faites chauffer le beurre et l'huile dans une grande casserole, sur feu moyen, mettez-y l'oignon, couvrez et laissez-le ramollir 5 minutes. Versez les pommes-fruits et les pommes de terre, remuez bien et baissez le feu. Couvrez et laissez cuire de 10 à 15 minutes.
2 Ajoutez les betteraves, recouvrez-les de 1 l d'eau. Portez à ébullition, couvrez de nouveau et laissez mijoter 15 minutes environ.
3 Versez la soupe dans le bol d'un robot électrique et réduisez-la en purée. Allongez-la d'un peu d'eau si nécessaire. Assaisonnez-la avec le clou de girofle, salez et poivrez; ajoutez le jus de citron.
4 Si vous la servez chaude, reversez-la dans la casserole et réchauffez-la sur feu doux. Si vous la servez froide, placez-la au réfrigérateur.
5 Versez la crème dans un petit bol, ajoutez-y le raifort et mélangez bien. Servez la soupe dans des bols, couverte en surface de crème au raifort.

VARIANTES

SOUPE DE BETTERAVES À L'ORANGE
Préparez la soupe comme il est indiqué ci-dessus et placez-la au frais. Râpez le zeste de 1/2 orange et pressez-en le jus. Versez dans la soupe. Dans ce cas, n'utilisez pas de raifort.
SOUPE AUX BETTERAVES ET AU CHOU
Cette soupe se rapproche plus du borchtch traditionnel. Remplacez les pommes de terre par du chou taillé en languettes et servez la soupe sans la passer au moulin à légumes.

GASPACHO

Cette soupe d'origine espagnole ne nécessite aucune cuisson. Pour 4 personnes.

INGRÉDIENTS

1 oignon rouge pelé
1 poivron vert débarrassé des graines
1/2 concombre de belle taille
500 g de tomates pelées et coupées en quatre
60 g de pain de mie rassis
2 gousses d'ail
2 cuillerées à soupe de vinaigre de vin rouge
2 cuillerées à soupe d'huile d'olive
sel et poivre au moulin
1 belle tomate olivette bien mûre

PRÉPARATION

1 Coupez l'oignon, le poivron et le concombre en gros morceaux; placez-les dans le bol d'un robot électrique et hachez-les grossièrement.

2 Prélevez un quart des légumes et placez-les dans un bol que vous réservez, couvert, au réfrigérateur.
3 Ajoutez les tomates en quartiers, le pain de mie, l'ail, le vinaigre et l'huile d'olive aux légumes restant dans le bol du robot et actionnez brièvement l'appareil.
4 Allongez la soupe d'un peu d'eau si nécessaire, mais il ne faut pas qu'elle soit trop claire. Salez et poivrez. Versez-la dans une grande soupière, couvrez-la et placez-la au réfrigérateur pour la servir bien glacée.

 Vous pouvez préparer cette soupe à l'avance jusqu'à cette étape. Elle se conservera 24 heures au réfrigérateur.

5 Hachez finement la tomate olivette et ajoutez-la aux légumes du bol.
6 Rectifiez l'assaisonnement de la soupe si nécessaire, remuez-la et servez-la dans des bols glacés. Présentez le bol contenant les légumes à part.

SOUPE DE CONCOMBRE À L'ESTRAGON

*Servez cette soupe à la saveur délicate chaude
ou glacée. Pour 4 personnes.*

INGRÉDIENTS

*1 concombre pelé et coupé en morceaux
1 oignon moyen pelé et haché
1 gousse d'ail pelée
8 à 10 feuilles d'estragon, dont la moitié est ciselée
1 l d'eau ou de bouillon de base
1 cuillerée à soupe de Maïzena
15 cl de crème fraîche
2 cuillerées à soupe de jus de citron
noix muscade râpée, sel et poivre au moulin*

PRÉPARATION

1 Placez le concombre, l'oignon, l'ail et l'estragon
non ciselé dans une casserole, et recouvrez-les
d'eau ou de bouillon de base. Portez à ébullition
sur feu moyen et laissez frémir 15 minutes
environ. Laissez tiédir.
2 Passez le tout au robot électrique et reversez
dans la casserole. Portez de nouveau à ébullition.
3 Mélangez la Maïzena et un peu de crème dans un
bol, jusqu'à obtention d'une pâte homogène, puis
incorporez le reste de crème. Versez dans la soupe
et réchauffez doucement de 2 à 3 minutes.
4 Ajoutez l'estragon ciselé, le jus de citron et la
noix muscade, salez et poivrez.

SOUPE AU CRESSON DE FONTAINE

*Une soupe délicieuse, aussi bien chaude que froide.
Pour 4 personnes.*

INGRÉDIENTS

*1 cuillerée à soupe d'huile d'olive
1 oignon moyen épluché et haché
500 g de pommes de terre pelées
et coupées en dés
1 l d'eau ou de bouillon de base
75 g de cresson de fontaine grossièrement haché
15 cl de crème fraîche
noix muscade râpée, sel et poivre au moulin*

PRÉPARATION

1 Faites chauffer l'huile dans une grande casserole
sur feu moyen, mettez-y l'oignon, couvrez et laissez
cuire pendant 5 minutes. Ajoutez les pommes de
terre, mélangez bien, couvrez de nouveau et
laissez cuire encore de 5 à 10 minutes.

SOUPE DE POIREAUX ET POMMES DE TERRE

*Le fait de passer la soupe au chinois lui confère
un velouté incomparable. Dégustez-la aussi bien
chaude que froide. Pour 4 personnes.*

INGRÉDIENTS

*1 cuillerée à soupe d'huile d'olive
1 oignon moyen pelé et haché
500 g de pommes de terre pelées et coupées en dés
500 g de blancs de poireau coupés en rondelles
1 l d'eau ou de bouillon de base
15 cl de crème fraîche
noix muscade, sel et poivre au moulin
ciboulette ciselée*

PRÉPARATION

1 Faites chauffer l'huile dans une grande casserole,
sur feu moyen, mettez-y l'oignon, couvrez et laissez
cuire pendant 5 minutes. Ajoutez les pommes de
terre et les poireaux, mélangez bien et couvrez de
nouveau; laissez cuire de 5 à 10 minutes de plus.
2 Versez l'eau ou le bouillon de base dans la
casserole, portez à ébullition et laissez frémir
pendant 15 minutes environ. Laissez tiédir.
3 Versez la préparation dans le bol d'un robot
électrique et réduisez-la en purée, passez-la
au chinois et réchauffez-la dans la casserole.
4 Ajoutez alors la crème fraîche, salez, poivrez
et muscadez. Parsemez de ciboulette.

2 Versez l'eau ou le bouillon de base dans la
casserole, portez à ébullition, couvrez et laissez
mijoter 15 minutes environ, jusqu'à ce que les
pommes de terre soient tendres. Retirez du feu,
ajoutez le cresson et mélangez.
3 Passez la soupe au robot électrique. Reversez-la
dans la casserole et réchauffez-la sur feu doux
(pour la servir chaude) ou versez-la dans une
soupière placée au réfrigérateur (pour la servir froide).
4 Ajoutez la crème fraîche, muscadez, salez et
poivrez. Réchauffez la soupe sans la faire bouillir
ou servez-la glacée.

VARIANTE

SOUPE AU TOPINAMBOUR Remplacez
les pommes de terre par le même poids de
topinambours découpés en dés et arrosés de jus de
citron pour éviter qu'ils ne noircissent. Supprimez
le cresson. Procédez et servez de la même façon
que pour la soupe au cresson de fontaine.

LES ACCOMPAGNEMENTS

CROÛTONS

Des croûtons dorés et croustillants apportent aux soupes et aux salades une texture et un goût très particuliers. Utilisez des dés de pain de mie rassis et écroûté ; faites-les frire sur feu vif dans du beurre ou de l'huile d'olive. Servez les immédiatement ou préparez-les à l'avance. Dans ce cas, vous les réchaufferez au four au dernier moment.

TOASTS MELBA

Faites légèrement dorer des tranches de pain de mie prédécoupé sur chaque face. Ces tranches doivent être très fines. Coupez chacune d'entre elles en quatre triangles. Replacez-les sous le gril et faites-les griller à nouveau, jusqu'à ce que les toasts soient bien bruns et croustillants.

BRUSCHETTA

Voici la version italienne du pain frotté à l'ail, accompagnement idéal du célèbre minestrone. Coupez des tranches d'un pain de campagne à la mie serrée et faites-les griller sur les deux faces. Frottez-les de 1/2 gousse d'ail, badigeonnez-les d'huile d'olive et servez.

PAIN À L'AIL OU AUX HERBES

Incisez une baguette tous les 2,5 cm, sans atteindre la base. Pelez et hachez finement 2 à 4 grosses gousses d'ail, selon votre goût. Mélangez l'ail et 90 g de beurre.
Si vous optez pour le pain aux herbes, hachez finement du persil, de la ciboulette, de l'origan, et incorporez-les au beurre.
Préchauffez votre four à 200 °C (thermostat 6). Remplissez chaque incision de la baguette de beurre aillé ou de beurre aux fines herbes. Enveloppez la baguette dans du papier sulfurisé – en deux paquets si le four est petit – et faites-la cuire pendant 20 minutes, jusqu'à ce qu'elle soit bien chaude à l'intérieur et croustillante à l'extérieur.

CROSTINI

Ces petites « croustades » ne sont autres que de fines tranches de baguette (1 cm d'épaisseur environ) tartinées de différents ingrédients : aux olives et aux amandes ou aux tomates séchées (voir à droite), ou bien encore au fromage de chèvre. Elles sont également délicieuses recouvertes de champignons cuits au beurre aillé. Préchauffez votre four à 160 °C (thermostat 3). Faites-y sécher les tranches de baguette posées sur du papier sulfurisé, de 10 à 15 minutes. Badigeonnez-les d'huile d'olive sur les deux faces et faites-les dorer au four. Laissez-les refroidir avant d'ajouter la garniture.

PAIN AUX OLIVES ET AUX AMANDES

Des crostini, tartinés de cette pâte onctueuse, accompagneront à merveille une soupe.

INGRÉDIENTS

100 g d'olives noires en purée ou écrasées
100 g d'amandes pilées
4 cuillerées à café de câpres hachées
sel et poivre au moulin

VARIANTE

PÂTE AUX TOMATES SÉCHÉES Remplacez les olives noires par le même poids de tomates séchées à l'huile réduites en purée ou écrasées. Supprimez les câpres et ajoutez du basilic.

LES SALADES

Les salades nous offrent leur fraîcheur, leur éventail de saveurs, leurs couleurs éclatantes. Elles peuvent être composées à base d'ingrédients crus ou cuits, servies tièdes ou froides. On trouve désormais toutes sortes d'huiles (de tournesol, de pépins de raisin, de noisette, etc.) et de vinaigres aux arômes très variés. Vous pourrez par conséquent créer vos propres recettes. Les salades vertes, très nombreuses et d'une grande diversité de goûts, permettent de multiples associations. Gardez les feuilles de salade au réfrigérateur, où elles se conserveront plusieurs jours, puis lavez-les, essorez-les et séchez-les sur du papier absorbant avant de les utiliser.

ENDIVE, CRESSON DE FONTAINE, FENOUIL, OIGNON ROUGE ET ORANGE

Rafraîchissante et joliment colorée, cette salade originale est très douce de goût, grâce au jus des oranges qui remplace le traditionnel vinaigre.
Pour 4 personnes.

INGRÉDIENTS

1 gousse d'ail pelée et coupée en deux
3 cuillerées à soupe d'huile d'olive
sel et poivre au moulin
2 ou 3 oranges pelées à vif, épépinées et coupées
en fines rondelles sur une assiette
2 endives effeuillées
80 g de feuilles de cresson
1 bulbe de fenouil finement émincé
1 oignon rouge finement émincé

PRÉPARATION

1 Frottez la paroi du saladier avec les demi-gousses d'ail et jetez-les ; si vous préférez un goût plus prononcé, écrasez-les et placez-les dans le saladier.
2 Versez l'huile dans le saladier, salez, poivrez et battez légèrement à l'aide d'une fourchette.
3 Mettez-y les oranges et le jus qui s'est écoulé dans l'assiette.
4 Ajoutez les endives et le cresson dans le saladier, puis le fenouil et l'oignon.
5 Remuez délicatement la salade et servez-la de suite.

Orange

Poivre

Sel

Huile d'olive

Ail

Cresson

Fenouil

Oignon rouge

Endive

Feuille-de-Chêne, Avocat et Noix de Cajou

L'essentiel est de préparer la salade au dernier moment, afin que les noix de cajou restent croquantes et que l'avocat conserve sa belle couleur. Pour 4 personnes en entrée, ou pour 2 en plat principal.

INGRÉDIENTS

1 feuille-de-chêne
1 gousse d'ail pelée et coupée en deux
1 cuillerée à soupe de vinaigre de vin rouge
3 cuillerées à soupe d'huile d'olive
sel et poivre au moulin
1 avocat
2 cuillerées à soupe de jus de citron
2 cuillerées à soupe de ciboulette ciselée
125 g de noix de cajou grillées

PRÉPARATION

1 Lavez et effeuillez la feuille-de-chêne; faites-la égoutter et épongez-la sur du papier absorbant.
2 Frottez les 2 demi-gousses d'ail sur les parois et sur le fond d'un saladier, et jetez-les; pour un goût plus prononcé, écrasez l'ail et mettez-le dans le saladier.
3 Versez-y le vinaigre, l'huile, le sel et le poivre; mélangez doucement cet assaisonnement avec une fourchette.
4 Coupez l'avocat en deux, pelez-le, ôtez le noyau et émincez-le finement. Posez les lamelles obtenues dans un récipient et arrosez-les du jus de citron, salez et poivrez légèrement.
5 Mettez les feuilles de salade dans le saladier, en les répartissant bien; ajoutez la ciboulette ciselée, l'avocat et les noix de cajou grillées. Mélangez soigneusement et servez de suite.

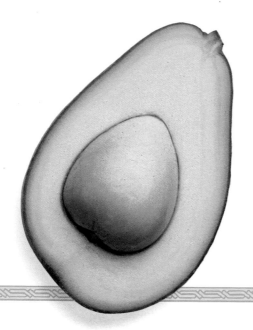

Salade de Pommes de Terre Nouvelles

Les pommes de terre nouvelles sont délicieuses préparées ainsi. Pour 4 personnes.

INGRÉDIENTS

750 g de pommes de terre nouvelles
1 cuillerée à soupe de vinaigre de vin
3 cuillerées à soupe d'huile d'olive
sel et poivre au moulin
2 cuillerées à soupe de mayonnaise (page 122)
2 cuillerées à soupe de yaourt grec ou de crème fraîche citronnée
2 cuillerées à soupe de ciboulette ciselée

PRÉPARATION

1 Faites bouillir une grande quantité d'eau salée et plongez-y les pommes de terre. Faites-les cuire jusqu'à ce qu'elles soient tendres, égouttez-les; ne les pelez pas. Coupez-les en rondelles.
2 Versez le vinaigre et l'huile dans un grand saladier; salez et poivrez, émulsionnez. Ajoutez les pommes de terre et mélangez. Laissez refroidir.

 Vous pouvez préparer cette salade à l'avance. Elle se conserve 24 heures au réfrigérateur.

3 Ajoutez la mayonnaise, le yaourt ou la crème fraîche citronnée et la moitié de la ciboulette, et remuez délicatement.
4 Versez sur un plat de service et décorez avec le reste de la ciboulette.

Chou Blanc en Salade

Le chou blanc en salade est encore meilleur si vous le conservez 24 heures dans le réfrigérateur : il développe son arôme. Pour 4 personnes.

INGRÉDIENTS

350 g de chou blanc coupé en fines lanières
125 g de carottes grattées et râpées
1 échalote ou 1 oignon moyen finement hachés
2 cuillerées à soupe de mayonnaise (page 122)
2 cuillerées à soupe de yaourt grec ou de crème fraîche citronnée
2 cuillerées à soupe de fines herbes ciselées
sel et poivre au moulin

PRÉPARATION

1 Mélangez les lanières de chou, les carottes râpées et l'échalote ou l'oignon dans un grand saladier.
2 Ajoutez la mayonnaise, le yaourt ou la crème, les fines herbes choisies, le sel et le poivre; mélangez.

INSALATA TRICOLORE

Cette salade tricolore est particulièrement délicieuse en accompagnement de pâtes. Son origine est d'ailleurs italienne, d'où son nom. Pour 4 personnes.

INGRÉDIENTS

500 g de tomates olivettes bien mûres
2 avocats
250 g de mozzarella
sel et poivre au moulin
quelques feuilles de basilic frais
1 cuillerée à soupe de vinaigre de vin rouge
3 cuillerées à soupe d'huile d'olive

PRÉPARATION

1 Coupez les tomates en deux, ôtez-en les pépins et coupez-les en fines rondelles.
2 Ouvrez les avocats en deux, ôtez-en le noyau et coupez la chair en fines lamelles. Détaillez la mozzarella en fines tranches.
3 Alternez les tomates, les lamelles d'avocat et les tranches de mozzarella sur des assiettes individuelles. Salez, poivrez et disposez les feuilles de basilic sur le dessus.
4 Émulsionnez l'huile avec le vinaigre et versez en filet sur les différents ingrédients de la salade. Servez de suite.

TOMATES CERISES À L'ORANGE ET AU THYM

Cette recette diffère des traditionnelles salades de tomates au basilic! Il est préférable de la préparer au moins 30 minutes avant de la servir. Maintenez-la au frais. Pour 4 personnes.

INGRÉDIENTS

250 g de tomates cerises rouges coupées en deux
250 g de tomates cerises jaunes coupées en deux
60 g de petites olives noires dénoyautées, niçoises si possible
1 cuillerée à soupe de thym émietté
1 cuillerée à soupe d'huile d'olive
le jus et le zeste râpé de 1 petite orange
sel et poivre au moulin

PRÉPARATION

1 Mettez tous les ingrédients dans un grand saladier et mélangez-les délicatement.
2 Laissez-les au frais pendant 30 minutes au moins, puis mélangez-les de nouveau; rectifiez l'assaisonnement si nécessaire, versez la salade dans un plat de service et servez immédiatement.

TOMATES AU BASILIC

Préparez cette petite salade toute simple légèrement à l'avance, de sorte que le jus des tomates s'écoule et que les saveurs se mêlent. Conservez-la au frais, mais pas au réfrigérateur. Servez-la à température ambiante, les parfums ressortiront mieux. Pour 4 personnes.

INGRÉDIENTS

500 g de tomates olivettes
1 cuillerée à soupe de vinaigre de vin rouge
3 cuillerées à soupe d'huile d'olive
sel et poivre au moulin
quelques brins de basilic frais

PRÉPARATION

1 Coupez les tomates en deux, ôtez-en les pépins et coupez-les en fines rondelles. Mettez-les sur un plat de service.
2 Arrosez-les d'huile et de vinaigre, salez et poivrez. Détachez les feuilles de basilic, coupez-les grossièrement et répartissez-les à la surface. Mélangez tous les ingrédients très délicatement.
3 Servez de suite ou conservez la salade au frais. Si vous désirez la présenter plus tard, remuez de nouveau juste avant de servir, et rectifiez l'assaisonnement.

POIVRONS GRILLÉS AU BASILIC

Cette salade très parfumée gagnera à être préparée plusieurs heures à l'avance. Pour 4 personnes.

INGRÉDIENTS

2 poivrons rouges et 2 poivrons jaunes coupés en quatre
2 cuillerées à soupe de vinaigre balsamique
1 cuillerée à soupe d'huile d'olive
sel et poivre au moulin
quelques feuilles de basilic

PRÉPARATION

1 Faites griller les poivrons au four, comme il est indiqué page 144; pelez-les, ôtez les graines et les parties blanches qui se trouvent à l'intérieur; coupez-les en lanières et rangez-les dans un plat creux.
2 Émulsionnez le vinaigre, l'huile, le sel et le poivre; coupez grossièrement les feuilles de basilic et ajoutez-les aux poivrons. Mélangez délicatement le tout.
3 Servez de suite ou, mieux, conservez au frais jusqu'au moment de servir. Dans ce cas, mélangez de nouveau et rectifiez l'assaisonnement.

SALADE COMPOSÉE AUX HERBES ET AUX FLEURS

C'est une salade rapide à préparer, colorée, qui se compose au fil des saisons et peut être servie avec le plat principal. Jouez la fantaisie en y ajoutant de la moutarde, de l'ail, du parmesan râpé, des cubes de gruyère, des amandes ou des noisettes grillées, ou encore des croûtons aillés. Voir l'illustration pages 54-55. Pour 4 personnes.

INGRÉDIENTS

*250 g de salades mélangées, selon la saison (feuille-de-chêne, lollo rosso, frisée, laitue, endive...)
30 g de roquette ou autre salade à goût prononcé (mâche, cresson, pissenlit...)
2 cuillerées à soupe de vinaigre balsamique
1 cuillerée à soupe de vinaigre de vin rouge
3 cuillerées à soupe d'huile d'olive
sel et poivre au moulin
125 g de fleurs comestibles
(capucines, par exemple)
1 cuillerée à soupe d'estragon haché
1 cuillerée à soupe de cerfeuil haché
1 cuillerée à soupe de persil plat haché*

PRÉPARATION

1 Lavez toutes les salades, effeuillez-les, essorez-les et épongez-les sur du papier absorbant.
2 Versez les vinaigres et l'huile dans un grand saladier, salez, poivrez et émulsionnez à l'aide d'une fourchette.
3 Disposez les couverts à salade en croix au fond du saladier. Posez dessus les feuilles de salades puis les fleurs et les fines herbes, de telle sorte qu'elles ne trempent pas dans la vinaigrette. Réservez jusqu'au moment de servir.
4 Mélangez soigneusement à l'aide des couverts à salade et servez immédiatement.

SALADE VERTE AU FROMAGE DE CHÈVRE ET AUX NOIX

Cette salade verte est accompagnée de fromage de chèvre chaud. Les noix doivent être très fraîches et sans amertume. Pour 4 personnes.

INGRÉDIENTS

*1 laitue et 1 feuille-de-chêne, ou 250 g de salades mélangées
1 gousse d'ail pelée et coupée en deux
1 cuillerée à soupe de vinaigre de vin rouge
2 cuillerées à soupe d'huile d'olive
1 cuillerée à soupe d'huile de noix
sel et poivre au moulin
125 g de cerneaux de noix grossièrement concassés
250 g d'un fromage de chèvre ferme (crottin de Chavignol, par exemple) coupé en fines tranches*

PRÉPARATION

1 Lavez les salades, effeuillez-les, essorez-les et épongez-les sur du papier absorbant.
2 Frottez la paroi et le fond d'un saladier avec les demi-gousses d'ail. Pour un goût plus prononcé, écrasez l'ail et mettez-le dans le saladier.
3 Versez-y le vinaigre, les huiles, salez et poivrez ; émulsionnez à l'aide d'une fourchette.
4 Faites griller les cerneaux de noix posés sur du papier sulfurisé sous le gril de votre four 2 ou 3 minutes, jusqu'à ce qu'ils soient légèrement dorés. Réservez-les.
5 Mettez les tranches de fromage de chèvre sous le gril encore chaud et faites-les dorer doucement, de 1 à 2 minutes, jusqu'à ce qu'elles coulent.
6 Mettez toutes les feuilles des salades dans le saladier, ajoutez les noix concassées et mélangez délicatement. Répartissez la salade sur des assiettes individuelles et posez les tranches de fromage sur le dessus ; servez immédiatement.

SALADE DE ROQUETTE AU PARMESAN

Cette salade aux saveurs prononcées accompagne parfaitement les plats de pâtes. Pour 4 personnes.

INGRÉDIENTS

250 g de roquette
1 gousse d'ail pelée et coupée en deux
1 cuillerée à soupe de vinaigre de vin rouge
3 cuillerées à soupe d'huile d'olive
sel et poivre au moulin
125 g de parmesan finement émincé

PRÉPARATION

1 Lavez la roquette, essorez-la ou séchez-la.
2 Frottez la paroi et le fond d'un saladier avec les demi-gousses d'ail. Pour un goût plus prononcé, écrasez l'ail et mettez-le dans le saladier.
3 Versez-y le vinaigre et l'huile d'olive; salez, poivrez et émulsionnez à l'aide d'une fourchette.
4 Ajoutez la roquette, mélangez doucement et répartissez le parmesan sur le dessus. Servez.

SALADE À LA NIÇOISE

Servie avec des croûtons aillés et grillés, cette salade constitue un plat principal parfait pour 4 personnes. Voir l'illustration page 54.

INGRÉDIENTS

250 g de haricots verts
500 g de tomates olivettes bien mûres
1 cuillerée à soupe de vinaigre de vin
4 cuillerées à soupe d'huile d'olive
sel et poivre au moulin
400 g de cœurs d'artichauts en boîte égouttés et coupés en quatre
4 œufs durs écalés et coupés en quartiers
4 cuillerées à soupe de persil plat haché
125 g d'olives noires

PRÉPARATION

1 Mettez les haricots dans une petite casserole, recouvrez-les d'eau salée et posez la casserole sur feu moyen; couvrez-les et faites-les cuire de 2 à 4 minutes, jusqu'à ce qu'ils soient tendres. Égouttez-les et passez-les sous l'eau fraîche.
2 Coupez les tomates en deux, ôtez-en les pépins et coupez-les en fines rondelles ou en quartiers.
3 Versez le vinaigre et l'huile dans un saladier, salez, poivrez et émulsionnez à l'aide d'une fouchette.
4 Ajoutez les haricots verts, les tomates et tous les ingrédients, mélangez délicatement.

SALADE DE HARICOTS AUX HERBES

Servie avec du pain de campagne, cette salade peut constituer un plat principal léger ou faire partie d'un buffet. Pour 4 personnes.

INGRÉDIENTS

350 g de fèves fraîches ou surgelées
250 g de haricots verts
1 gousse d'ail écrasée
2 cuillerées à soupe de vinaigre de vin
6 cuillerées à soupe d'huile d'olive
sel et poivre au moulin
400 g de flageolets en boîte égouttés
400 g de pois chiches en boîte égouttés
3 cuillerées à soupe de fines herbes hachées

PRÉPARATION

1 Mettez les fèves dans une petite casserole, couvrez-les d'eau bouillante salée et faites-les cuire de 4 à 5 minutes afin de les attendrir. Égouttez-les. Lorsqu'elles sont refroidies, faites-les sauter hors de leur peau en les pressant entre le pouce et l'index.
2 Mettez les haricots dans une petite casserole, couvrez-les d'eau bouillante salée et faites-les cuire de 2 à 4 minutes. Égouttez-les et passez-les sous l'eau fraîche.
3 Mettez l'ail dans un saladier, versez-y le vinaigre et l'huile, salez, poivrez et émulsionnez à l'aide d'une fouchette. Ajoutez les fèves, les haricots, les pois chiches et les fines herbes. Mélangez.

Vous pouvez préparer cette salade à l'avance jusqu'à ce point. Elle se conservera pendant 48 heures si elle est placée dans le réfrigérateur.

4 Laissez reposer la salade à température ambiante pendant 1 heure, en la remuant de temps à autre.

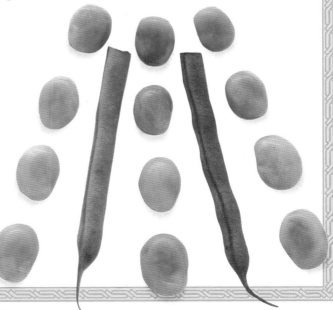

*Salade
à la niçoise (page 53)*

Taboulé (page 57)

*Salade composée
aux herbes et aux
fleurs (page 52)*

SALADE DE PÂTES CHAUDES AUX TOMATES ET AU BASILIC

Cette recette, rapide à exécuter et délicieuse, constituera un plat principal pour 4 personnes. Sa saveur est rehaussée par celle de l'avocat ou de la mozzarella. Vous pouvez même utiliser les deux.

INGRÉDIENTS

500 g de tomates olivettes
500 g de pâtes de petite taille
(coquillettes, fusilli...)
3 cuillerées à soupe d'huile d'olive
sel et poivre au moulin
250 g de mozzarella coupée en tranches
ou 2 avocats coupés en deux et citronnés
quelques brins de basilic frais
un peu de parmesan coupé en fines lamelles
(facultatif)

PRÉPARATION

1 Versez 4 l d'eau dans un grand faitout, salez et portez à ébullition.
2 Coupez les tomates en deux, ôtez-en les pépins et coupez-les en rondelles ou en quartiers.
3 Quand l'eau du faitout bout, jetez-y les pâtes; reportez à ébullition, mélangez rapidement et faites cuire les pâtes jusqu'à ce qu'elles soient al dente. Goûtez-les pour vérifier la cuisson.
4 Égouttez les pâtes tout en les gardant très légèrement humides, puis remettez-les dans le faitout sur le feu, versez l'huile d'olive et mélangez jusqu'à ce que les pâtes soient parfaitement enrobées d'huile. Salez, poivrez et mélangez de nouveau.
5 Ajoutez les tomates, la mozzarella ou l'avocat; effeuillez et ciselez les brins de basilic, jetez-les dans les pâtes, remuez, rectifiez l'assaisonnement si nécessaire et servez de suite; vous pouvez également recouvrir ce plat de lamelles de parmesan.

SALADE DE PÂTES CHAUDES AUX POIVRONS GRILLÉS ET À LA ROQUETTE

Ce plat complet et coloré fleure bon les senteurs méditerranéennes, qu'il s'agisse des poivrons au parfum si caractéristique ou de la roquette à l'arôme poivré. Pour 4 personnes.

INGRÉDIENTS

2 poivrons rouges et 2 poivrons jaunes
coupés en quatre
500 g de penne ou autres petites pâtes fantaisie
2 cuillerées à soupe d'huile d'olive
sel et poivre au moulin
30 g de roquette
un peu de parmesan coupé en fines lamelles
(facultatif)

PRÉPARATION

1 Versez 4 l d'eau dans un grand faitout, salez et portez à ébullition.
2 Faites griller et pelez les poivrons comme il est indiqué page 144, ôtez les graines et les parties blanches qui se trouvent à l'intérieur, et coupez la chair en longues lanières.
3 Quand l'eau du faitout bout, jetez-y les pâtes, reportez à ébullition, mélangez rapidement et faites-les cuire jusqu'à ce qu'elles soient al dente. Goûtez-les pour vérifier la cuisson.
4 Égouttez les pâtes tout en les gardant légèrement humides et remettez-les dans le faitout sur le feu, versez l'huile d'olive, ajoutez les poivrons, salez, poivrez et remuez jusqu'à ce que les pâtes soient enrobées d'huile et que les poivrons soient suffisamment chauds.
5 Coupez grossièrement la roquette et jetez-la dans les pâtes, puis mélangez de nouveau pour bien la répartir. Rectifiez l'assaisonnement si nécessaire et servez de suite; vous pouvez recouvrir ce plat de lamelles de parmesan.

TABOULÉ

Laissez reposer cette délicieuse salade fraîche pour que les graines de couscous ou de boulghour gonflent et absorbent tous les arômes. Pour 4 personnes.

INGRÉDIENTS

*250 g de couscous, graine moyenne, ou de boulghour
4 belles tomates bien mûres, pelées et concassées
1 poivron vert haché grossièrement
1/2 concombre haché grossièrement
1 gousse d'ail écrasée
1 oignon rouge finement haché
le jus de 2 citrons
4 cuillerées à soupe d'huile d'olive
6 cuillerées à soupe de persil plat haché
2 ou 3 cuillerées à soupe de menthe fraîche hachée
sel et poivre au moulin*

PRÉPARATION

1 Versez la graine de couscous ou le boulghour dans un grand saladier.
2 Ajoutez tous les ingrédients, salez et poivrez, couvrez et laissez au frais de 12 à 48 heures. Rectifiez l'assaisonnement juste avant de servir.

SALADE DE RIZ AUX HERBES, À L'AVOCAT ET AUX NOIX DE CAJOU

Un plat principal pour 4 personnes.

INGRÉDIENTS

*250 g de riz blanc ou brun
1/2 cuillerée à café de curcuma en poudre
1/2 cuillerée à café de sel marin
le jus et le zeste râpé de 1/2 citron
6 cuillerées à soupe de fines herbes hachées
(persil plat, menthe, ciboulette, estragon)
1 gros avocat bien mûr
60 g de pistaches décortiquées
60 g de noix de cajou décortiquées
sel et poivre au moulin*

PRÉPARATION

1 Faites cuire le riz comme indiqué page 152, après y avoir ajouté le curcuma et le sel marin.
2 Mettez le zeste de citron, les fines herbes et mélangez bien à l'aide d'une fourchette en bois. Réservez jusqu'à ce que le riz soit refroidi.
3 Lorsque vous êtes sur le point de servir la salade, coupez l'avocat en deux, pelez-le, ôtez le noyau et hachez la chair. Citronnez-la, puis ajoutez-la à la salade ainsi que les pistaches et les noix de cajou. Rectifiez l'assaisonnement si nécessaire et servez.

BLÉ AUX ABRICOTS ET AUX PIGNONS DE PIN

Cette salade au goût oriental est encore meilleure si vous la laissez reposer quelques heures avant de la servir. Pour 4 personnes.

INGRÉDIENTS

*250 g de blé, de riz brun ou de millet
2 cuillerées à soupe d'huile d'olive
2 oignons rouges émincés
250 g d'abricots secs hachés
125 g de raisins secs
2 cuillerées à soupe de vinaigre balsamique
2 cuillerées à soupe de persil plat haché
2 cuillerées à soupe de menthe hachée
sel et poivre au moulin
125 g de pignons de pin légèrement grillés*

PRÉPARATION

1 Si vous avez choisi le blé, couvrez-le d'eau froide et laissez-le tremper 8 heures, puis faites-le bouillir à couvert pendant 1 h 15, en ajoutant de l'eau à hauteur. Si vous avez préféré le riz, faites-le cuire selon la méthode décrite page 152; quant au millet, il ne demande que 15 à 20 minutes de trempage. Égouttez si nécessaire. Versez dans un saladier.
2 Faites chauffer l'huile dans une grande casserole sur feu moyen; ajoutez les oignons, couvrez et faites-les cuire 5 minutes environ jusqu'à ce qu'ils soient tendres mais encore croquants. Retirez la casserole du feu et mettez les oignons et l'huile de cuisson dans le saladier.
3 Ajoutez les abricots, les raisins secs, le vinaigre, le persil, la menthe et remuez. Salez et poivrez.
4 Mélangez les pignons de pin aux autres ingrédients ou éparpillez-les sur la salade.

SAUCES ET CRUDITÉS

Découpés en petits morceaux, les légumes crus peuvent être servis trempés dans une sauce d'accompagnement. Ils sont présentés au cours d'un buffet campagnard ou bien comme amuse-gueule. Tous les légumes conviennent : poivrons, concombre, haricots mange-tout, courgettes, céleri-branche, carottes, maïs nains, radis, tomates cerises... Outre les recettes ci-dessous, essayez une mayonnaise aux herbes ou à l'ail (page 122).

SAUCE AU FROMAGE DE CHÈVRE

Les crudités sont parfaites servies avec cette sauce ; goûtez-la aussi avec des toasts melba ou des bruschetta (page 47). Pour 2 à 4 personnes.

INGRÉDIENTS

125 g de fromage blanc allégé et battu
125 g de fromage de chèvre ferme
(vendu en général sous forme de bûche)
sel et poivre au moulin

PRÉPARATION

1 Mettez le fromage blanc dans un grand bol, ajoutez le fromage de chèvre avec sa croûte et écrasez le tout à la fourchette jusqu'à consistance lisse.
2 Salez, poivrez, mélangez de nouveau et présentez dans un bol de service.

VARIANTE

SAUCE AU FROMAGE BLEU Utilisez 125 g de fromage bleu (roquefort ou bleu de Bresse) à la place du fromage de chèvre ; procédez comme ci-dessus.

SAUCE AU CONCOMBRE ET À LA MENTHE

Cette sauce est rafraîchissante et délicieuse. Pour 2 à 4 personnes.

INGRÉDIENTS

1/2 concombre pelé et coupé en petits dés
30 cl de yaourt grec
1 ou 2 cuillerées à soupe de menthe hachée
1/2 cuillerée à café de vinaigre de vin
sel et poivre au moulin

PRÉPARATION

1 Faites dégorger le concombre dans une grande passoire pendant 30 minutes environ, après l'avoir poudré de sel. Il va rendre son eau.
2 Versez le yaourt dans un grand bol. Séchez le concombre sur du papier absorbant et mettez-le dans le yaourt, ajoutez la menthe, le vinaigre et le poivre ; mélangez délicatement et servez.

VARIANTE

SAUCE AUX HERBES Remplacez le concombre et la menthe par 4 cuillerées à soupe de fines herbes hachées de votre choix. À la place du vinaigre, utilisez du jus de citron.

Guacamole

Le véritable guacamole ne contient que de l'avocat, de la coriandre fraîche, des tomates et des piments, le tout salé et poivré. Vous pouvez le servir sur un lit de salade verte ou avec des haricots rouges. Il faut choisir des avocats bien mûrs pour obtenir une consistance onctueuse. Pour 4 à 6 personnes.

INGRÉDIENTS

2 ou 3 piments verts épépinés et finement hachés
4 tomates pelées et finement concassées
3 cuillerées à soupe de coriandre hachée
2 beaux avocats bien mûrs
sel et poivre au moulin

PRÉPARATION

1 Mettez les piments, les tomates et la coriandre dans un grand bol.

 Vous pouvez préparer cette recette à l'avance jusqu'à ce point. Couvrez et laissez au frais jusqu'au moment de servir.

2 Au dernier moment, coupez les avocats en deux et ôtez les noyaux. Prélevez la chair à l'aide d'une cuillère et mettez-la dans le bol avec les piments, les tomates et la coriandre. Écrasez-la bien à la fourchette ; salez, poivrez et servez de suite.

Sauce aux Noix de Cajou et au Curry

Épicée, cette sauce se sert avec des bâtonnets de céleri-branche et de concombre. Pour 2 à 4 personnes.

INGRÉDIENTS

1 cuillerée à soupe d'huile d'olive
1 petit oignon pelé et haché
1 gousse d'ail pelée et hachée
2 cuillerées à café de curry en poudre
150 g de fromage blanc allégé
45 g de noix de cajou légèrement grillées
sel et poivre au moulin

PRÉPARATION

1 Faites chauffer l'huile dans une casserole sur feu moyen. Ajoutez l'oignon et l'ail, couvrez et faites cuire pendant 5 minutes. Poudrez avec le curry, mélangez et faites cuire 2 à 3 minutes de plus. Retirez la casserole du feu.
2 Mettez le fromage blanc, le mélange à l'oignon au curry et les noix de cajou dans le bol d'un robot électrique, et réduisez le tout en purée. Versez dans un saladier. Salez, poivrez et servez.

Hoummos

Bien que l'on trouve facilement de l'hoummos tout prêt, c'est tellement simple à préparer que, si vous disposez d'un robot électrique, vous pouvez essayer cette version « maison », plus savoureuse. Pour 2 à 4 personnes.

INGRÉDIENTS

400 g de pois chiches en boîte égouttés et leur liquide à part
1 ou 2 gousses d'ail pelées
1 cuillerée à soupe de pâte de sésame
2 cuillerées à soupe de jus de citron
1 cuillerée à soupe d'huile d'olive
1 pincée de piment en poudre (facultatif)
sel et poivre au moulin
1 ou 2 cuillerées à café de graines de cumin (facultatif)

PRÉPARATION

1 Mettez les pois chiches, l'ail, la pâte de sésame, le jus de citron et l'huile d'olive dans le bol d'un robot électrique. Réduisez en fine purée. Ajoutez régulièrement un peu de liquide de la boîte de pois chiches pour obtenir une consistance crémeuse.
2 Ajoutez 1 pincée de piment en poudre si vous le souhaitez, puis salez et poivrez. Mélangez et versez cette préparation dans un saladier.
3 Éventuellement, faites sauter les graines de cumin dans une poêle sur feu moyen pendant 1 ou 2 minutes. Parsemez-en l'hoummos et servez.

Sauce aux Champignons

À servir avec des toasts melba (page 47). Pour 2 à 4 personnes.

INGRÉDIENTS

15 g de beurre
1 cuillerée à soupe d'huile d'olive
250 g de champignons de Paris finement hachés
1 petite gousse d'ail pelée et hachée
125 g de fromage blanc
1 cuillerée à soupe de persil plat haché
sel et poivre au moulin

PRÉPARATION

1 Faites fondre le beurre avec l'huile sur feu doux, dans une grande casserole, et ajoutez les champignons et l'ail. Faites cuire pendant 5 minutes environ, jusqu'à ce que les champignons soient tendres.
2 Battez le fromage dans un grand saladier jusqu'à consistance moelleuse, puis ajoutez les champignons et le persil. Salez et poivrez. Mélangez et servez.

LES FRICASSÉES DE LÉGUMES

Chefs-d'œuvre de la cuisine au naturel, ces plats de légumes colorés et variés s'inspirent des cuisines de tous les pays du monde. Certains, accompagnés de pain et d'une salade, constituent des repas complets. Vous pouvez aussi en préparer plusieurs, en variant le plus possible les ingrédients pour réaliser un véritable festival !

LÉGUMES À LA GRECQUE

Les légumes à la grecque sont revenus à l'huile d'olive et épicés. Cette recette est idéale pour les buffets d'été, car elle peut être préparée à l'avance et servie froide. Pour 4 personnes en entrée, ou pour 2 en plat principal.

INGRÉDIENTS

2 cuillerées à soupe d'huile d'olive
3 petits bulbes de fenouil, ou 2 moyens, finement émincés avec leurs feuilles
1 oignon moyen pelé et haché
2 gousses d'ail pelées et hachées
1 cuillerée à soupe de graines de coriandre
500 g de tomates pelées et concassées
1/2 chou-fleur divisé en bouquets
125 g de haricots verts effilés
125 g de champignons de Paris coupés en quatre sel et poivre au moulin
2 ou 3 cuillerées à soupe de persil plat haché

PRÉPARATION

1 Faites chauffer l'huile dans une grande casserole sur feu moyen et mettez-y le fenouil avec ses feuilles et l'oignon, couvrez et faites cuire pendant 5 minutes. Ajoutez l'ail et faites cuire 1 minute de plus.

2 Écrasez les graines de coriandre, jetez-les sur le fenouil et mélangez ; ajoutez les tomates. Faites cuire à découvert pendant une vingtaine de minutes, jusqu'à ce que le liquide se soit évaporé.

3 Pendant ce temps, mettez le chou-fleur et les haricots verts dans une casserole avec 1 cm d'eau bouillante dans le fond, couvrez et faites cuire de 3 à 4 minutes. Égouttez-les, passez-les sous l'eau fraîche et laissez-les sécher.

4 Quand le mélange fenouil-tomate est prêt, ajoutez les champignons et faites encore cuire de 3 à 4 minutes sur feu doux. Mettez alors le chou-fleur et les haricots. Salez et poivrez, remuez.

5 Laissez refroidir et placez la casserole au frais, ou servez chaud. Parsemez de persil.

Graines de coriandre

Ail

Oignon

Fenouil

Huile d'olive

Haricots verts

Champignons

Sel

Poivre
au moulin

Persil
plat

Chou-fleur

Tomate

CHAMPIGNONS À LA STROGANOV

Utilisez tous les champignons que vous trouverez sur votre marché : champignons des bois ou mélange de pleurotes, de trompettes-des-morts et de chanterelles (ou de champignons de Paris blancs et rosés). Servez ce plat avec du riz. Pour 4 personnes.

INGRÉDIENTS

*30 g de beurre
1 cuillerée à soupe d'huile d'olive
2 beaux oignons pelés et hachés
2 gousses d'ail pelées et hachées
1 kg de champignons variés coupés en fines lamelles
200 g de crème fraîche
1 cuillerée à soupe de concentré de tomate
noix muscade fraîchement râpée
sel et poivre au moulin
paprika en poudre*

PRÉPARATION

1 Faites fondre le beurre avec l'huile dans une grande poêle sur feu moyen ; mettez-y les oignons, couvrez et faites cuire pendant 5 minutes. Ajoutez l'ail et faites encore cuire de 2 à 3 minutes.
2 Versez alors les champignons et faites cuire, à découvert cette fois, de 20 à 30 minutes.
3 Ajoutez la crème fraîche et le concentré de tomate, remuez, portez vivement à ébullition et versez cette préparation dans un plat creux. Muscadez, salez et poivrez. Poudrez de paprika et servez de suite.

RATATOUILLE AUX TROIS POIVRONS

Vous pouvez servir ce plat chaud, avec des pommes de terre nouvelles, du riz, des pâtes ou du pain aillé, ou froid. Pour 4 personnes.

INGRÉDIENTS

*2 poivrons rouges et 2 poivrons jaunes coupés en quatre
3 cuillerées à soupe d'huile d'olive
2 gros oignons hachés
4 gousses d'ail hachées
2 poivrons verts épépinés et coupés en rondelles
500 g de courgettes émincées
2 x 400 g de tomates pelées en boîte, grossièrement concassées, avec leur jus
sel et poivre au moulin
persil plat haché*

PRÉPARATION

1 Passez les poivrons rouges et jaunes au gril, pelez-les comme indiqué page 144. Retirez-en les graines et coupez-les en lanières. Réservez.
2 Faites chauffer l'huile dans une grande casserole sur feu moyen, mettez-y les oignons, couvrez et faites cuire pendant 5 minutes.
3 Ajoutez l'ail, les poivrons verts et les courgettes, et mélangez bien. Faites cuire pendant 5 minutes.
4 Versez les tomates et leur jus. Baissez le feu et laissez étuver de 20 à 30 minutes, jusqu'à ce qu'une grande partie du jus des tomates se soit évaporé. Vers la fin de la cuisson, ajoutez les poivrons, mélangez et faites-les chauffer.
5 Salez, poivrez, parsemez de persil et servez.

LÉGUMES À LA BOURGUIGNONNE

Ce plat, servi avec des pommes de terre au four, convient pour 4 personnes.

INGRÉDIENTS

*30 g de beurre
1 cuillerée à soupe d'huile d'olive
250 g d'oignons nouveaux, ou 1 gros oignon, émincés
4 gousses d'ail pelées et hachées
500 g de carottes nouvelles grattées et émincées
4 belles branches de céleri émincées
500 g de blancs de poireau émincés
250 g de petits champignons de Paris
2 feuilles de laurier
2 cuillerées à soupe de farine
60 cl de vin rouge
90 cl de bouillon de base (page 42) ou d'eau*
*sel et poivre au moulin
persil plat finement ciselé*

PRÉPARATION

1 Faites fondre le beurre avec l'huile dans une grande sauteuse en fonte, sur feu moyen, mettez-y les oignons, couvrez et laissez étuver 5 minutes.
2 Ajoutez l'ail, les carottes, le céleri, les poireaux, les champignons, le laurier et faites cuire 5 minutes.
3 Poudrez de farine, mélangez avec une spatule en bois et faites cuire de 1 à 2 minutes sur feu vif.
4 Versez le vin et le bouillon de base ou l'eau, portez à ébullition. Baissez le feu, couvrez en partie la sauteuse et laissez frémir 1 h 15 environ, jusqu'à ce que les légumes soient tendres et que le liquide se soit évaporé.
5 Salez, poivrez et servez après avoir parsemé le plat de persil.

Avocats au Citron Vert Pimentés

Il est très important de ne pas cuire trop longtemps les avocats, car ils doivent rester bien moelleux. Voir l'illustration page 24. Pour 4 personnes.

INGRÉDIENTS

2 cuillerées à soupe d'huile d'olive
1 bel oignon pelé et finement haché
2 gousses d'ail pelées et hachées
1 ou 2 piments verts épépinés et finement hachés
2 beaux avocats bien mûrs
le jus de 1 citron vert
2 cuillerées à soupe de ciboulette hachée
sel et poivre au moulin
quelques tranches de citron vert pour la garniture

PRÉPARATION

1 Préchauffez le four à 200 °C (thermostat 6).
2 Faites chauffer l'huile dans une casserole sur feu moyen; mettez-y l'oignon et faites-le revenir pendant 7 minutes, jusqu'à ce qu'il soit doré.
3 Ajoutez l'ail et le(s) piment(s), remuez bien et faites cuire 5 minutes. Retirez la casserole du feu.
4 Ouvrez les avocats en deux, ôtez les noyaux et prélevez-en la chair avec une cuillère en prenant soin de ne pas abîmer les peaux. Coupez la chair en gros morceaux et mettez-la dans la casserole ainsi que le jus de citron et la ciboulette. Salez et poivrez. Remuez bien le tout avec une spatule en bois.
5 Déposez les demi-peaux dans un plat antiadhésif et remplissez-les du mélange précédent. Glissez le plat dans le four et faites dorer les avocats pendant 10 minutes environ. Servez-les dès qu'ils sont chauds, avec de fines tranches de citron vert.

Courgettes aux Amandes et aux Poivrons Rouges

Présentez ce plat avec un bol de yaourt battu avec des fines herbes ou sur un lit de riz épicé (page 115). Voir l'illustration page 25. Pour 4 personnes.

INGRÉDIENTS

4 courgettes lavées et coupées en deux
2 cuillerées à soupe d'huile d'olive
1 oignon pelé et haché
2 poivrons rouges épépinés et finement hachés
2 grosses gousses d'ail pelées et hachées
2 cuillerées à soupe de thym frais émietté
45 g d'amandes effilées légèrement grillées
sel et poivre au moulin

PRÉPARATION

1 Préchauffez le four à 180 °C (thermostat 4).
2 Mettez les demi-courgettes dans une casserole, couvrez-les d'eau bouillante salée et faites-les cuire pendant 4 minutes environ, jusqu'à ce qu'elles soient tendres. Égouttez-les et laissez-les refroidir.
3 Prélevez-en la pulpe avec une cuillère en prenant bien soin de ne pas abîmer les peaux. Hachez-la et réservez-la. Déposez les demi-courgettes dans un grand plat antiadhésif.
4 Faites chauffer l'huile dans une casserole sur feu moyen et mettez-y l'oignon et les poivrons; couvrez et faites cuire pendant 10 minutes environ. Ajoutez l'ail et faites cuire 2 minutes de plus.
5 Retirez la casserole du feu et mélangez-y la pulpe des courgettes ainsi que le thym et les amandes. Salez et poivrez.
6 Emplissez les demi-courgettes de ce mélange. Enfournez et faites dorer pendant 15 minutes.

Aubergines naines farcies
aux champignons (ci-dessous)
et tomates farcies aux herbes
(page ci-contre)

AUBERGINES NAINES FARCIES AUX CHAMPIGNONS

Ces aubergines naines, illustrées ci-dessus
et page 24, conviennent pour 4 personnes,
soit trois moitiés par personne.

INGRÉDIENTS

6 aubergines naines coupées en deux, avec leurs queues
1 cuillerée à soupe d'huile d'olive
1 oignon moyen pelé et haché
1 gousse d'ail pelée et hachée
125 g de champignons de Paris hachés
2 tomates épépinées et concassées
1 cuillerée à soupe de persil plat haché
30 g de pignons de pin
sel et poivre au moulin

PRÉPARATION

1 Préchauffez le four à 180 °C (thermostat 4).
2 Mettez les demi-aubergines dans une casserole, couvrez-les d'eau bouillante salée et faites-les cuire 4 minutes environ. Égouttez-les et laissez refroidir.
3 Prélevez-en la chair avec une cuillère, sans abîmer les peaux. Hachez-la et réservez-la. Déposez les demi-peaux dans un plat à four huilé.
4 Faites chauffer l'huile dans une casserole sur feu moyen et mettez-y l'oignon; couvrez et faites cuire pendant 5 minutes. Ajoutez la chair d'aubergine, l'ail, les champignons et faites cuire 5 minutes de plus. Retirez du feu et versez les tomates, le persil et une partie des pignons de pin. Salez et poivrez.
5 Emplissez les peaux de cette farce, parsemez de pignons de pin et faites cuire au four 15 minutes.

TOMATES FARCIES AUX HERBES

Voir les illustrations page ci-contre et page 25.
Pour 4 personnes.

INGRÉDIENTS

1 échalote ou 1 petit oignon pelés et finement hachés
3 cuillerées à soupe de persil plat haché
1 cuillerée à café de thym émietté
60 g de chapelure
2 cuillerées à soupe d'huile d'olive
4 tomates bien mûres
sel et poivre au moulin

PRÉPARATION

1 Préchauffez le four à 180 °C (thermostat 4).
Vous pouvez également utiliser le gril de votre four.
2 Mélangez l'oignon ou l'échalote, le persil, le thym,
la chapelure et l'huile d'olive dans un grand saladier.
(Si vous possédez un robot électrique, mettez-y
tous les ingrédients et réduisez-les en fin hachis.)
3 Coupez les « chapeaux » des tomates et réservez-
les. Creusez les tomates à l'aide d'une petite
cuillère afin d'en extraire tous les pépins et toute
la chair. Vous n'en avez pas besoin pour cette
recette, mais gardez-la pour l'utiliser dans une
salade, une sauce ou une soupe.
4 Salez et poivrez l'intérieur des tomates, puis
farcissez-les avec le hachis préparé. Rangez-les
dans un plat de cuisson huilé et replacez les
chapeaux. Laissez-les cuire dans le four ou sous
le gril pendant une quinzaine de minutes. Elles
doivent être cuites à cœur sans s'affaisser. Servez-
les chaudes ou froides.

CHAMPIGNONS AU FROMAGE

Voir l'illustration page 25. Pour 4 personnes.

INGRÉDIENTS

8 gros champignons de Paris
150 g de fromage blanc aux herbes et à l'ail

PRÉPARATION

1 Préchauffez le gril à vive température.
2 Ôtez les pieds des champignons. Hachez-les
et mélangez-les dans un bol avec le fromage blanc
et 2 cuillerées à soupe d'eau chaude.
3 Étalez ce mélange sur les chapeaux des
champignons que vous placerez sur la lèchefrite.
Laissez-les griller pendant 10 minutes environ,
jusqu'à ce que le dessus soit légèrement brun
et boursouflé. Ils doivent être tendres quand on
les pique avec la pointe d'un couteau. Servez-les
de suite.

POIVRONS FARCIS AUX LÉGUMES GRILLÉS

Voir l'illustration page 24. Pour 4 personnes.

INGRÉDIENTS

2 poivrons rouges et 2 poivrons jaunes
2 aubergines coupées en dés de 1 cm de côté
1 bel oignon émincé
huile d'olive pour badigeonner les légumes
4 tomates coupées en quatre
8 feuilles de basilic grossièrement ciselées
1 cuillerée à soupe de vinaigre balsamique
sel et poivre au moulin

PRÉPARATION

1 Coupez les poivrons en deux, queues comprises,
et ôtez toutes les fibres blanches et les pépins.
Posez-les sur la lèchefrite côté peau au-dessus,
et passez-les au gril chaud pendant 10 minutes,
jusqu'à ce que les peaux soient cloquées et brunes.
2 Mettez les aubergines et l'oignon badigeonnés
d'huile dans la lèchefrite, et faites-les cuire au gril
pendant 12 minutes environ. Ils doivent être
tendres et légèrement brunis. Retournez-les
de temps en temps.
3 Ajoutez les tomates, retournez de nouveau
les légumes et laissez-les cuire encore 5 minutes
environ.
4 Versez les légumes dans un grand saladier,
parsemez-les de basilic, ajoutez le vinaigre, salez
et poivrez. Remuez délicatement.
5 Placez les poivrons, côté coupé sur le dessus, dans
un plat à four graissé. Remplissez-les de la farce de
légumes et réchauffez le plat couvert de papier
sulfurisé dans le four à 180 °C (thermostat 4)
pendant 15 minutes environ.

TERRINE DE POIVRONS ET D'ÉPIS DE MAÏS NAINS

Cette terrine très raffinée est constituée de couches de poivrons et d'épis de maïs nains prises dans une crème aux œufs. Elle nécessite une cuisson lente. Pour 6 personnes en entrée, ou pour 4 en plat principal.

INGRÉDIENTS

beurre et parmesan râpé pour tapisser le moule
3 œufs
3 cuillerées à soupe de crème fraîche
3 cuillerées à soupe de parmesan râpé
sel et poivre au moulin
500 g de poivrons rouges grillés, pelés (page 144) et coupés en lanières
250 g d'épis de maïs nains cuits et égouttés ou 400 g de grains de maïs en conserve égouttés
175 g de poivrons jaunes grillés, pelés (page 144) et coupés en lanières
quelques brins de basilic frais

PRÉPARATION

1 Préchauffez le four à 150 °C (thermostat 2). Tapissez le fond et les parois d'un moule d'une feuille de papier sulfurisé, beurrez-le et poudrez-le de parmesan.

2 Fouettez les œufs, la crème fraîche, 2 cuillerées à soupe de parmesan, du sel et du poivre. Versez 3 cuillerées à soupe de ce mélange dans le moule.

3 Étalez une mince couche de poivrons rouges dans le moule, puis versez un peu de mélange aux œufs. Recouvrez de nouveau de poivrons rouges puis de mélange aux œufs, d'une troisième couche de poivrons rouges et de mélange aux œufs.

4 Faites une couche d'épis de maïs posés en long et ajoutez un peu de mélange aux œufs.

5 Étalez une première couche de poivrons jaunes recouvrez-la d'un peu de crème aux œufs, puis une deuxième couche, recouverte elle aussi.

6 Répétez l'étape n° 4 puis l'étape n° 3. Versez sur la surface le reste de la crème aux œufs et poudrez du reste de parmesan.

7 Placez la terrine au four dans un bain-marie (voir page 147) pendant 1 h 15, jusqu'à ce qu'une brochette piquée en son centre ressorte sèche. Laissez bien refroidir avant de démouler.

8 Décollez légèrement les bords de la terrine avec un couteau et retournez-la sur un plat de service. Ôtez le papier sulfurisé. Servez avec une sauce au pistou (page 123), décorée de basilic.

TERRINE DE LÉGUMES EN MANTEAU D'ÉPINARDS

*Voir l'illustration page 12. Pour 6 personnes
en entrée, ou pour 4 en plat principal.*

INGRÉDIENTS

*beurre et parmesan râpé pour tapisser le moule
250 g de belles feuilles d'épinard sans tige
60 g d'asperges pelées, coupées à la longueur du moule
175 g de fromage blanc
60 g de parmesan fraîchement râpé
2 cuillerées à soupe de ciboulette hachée
2 œufs
sel et poivre au moulin
60 g de tomates séchées émincées
60 g de cœurs d'artichauts égouttés et coupés
en lamelles*

PRÉPARATION

1 Préchauffez le four à 160 °C (thermostat 3).
Tapissez le fond et les parois d'un moule d'une
feuille de papier sulfurisé. Beurrez-le et poudrez-le
de parmesan.
2 Portez de l'eau salée à ébullition dans une
grande casserole et faites-y blanchir les épinards
pendant 7 minutes. Égouttez-les. Tapissez-en
le fond et les parois du moule de sorte que
les feuilles dépassent largement des bords.
Réservez 2 feuilles pour recouvrir le moule.
3 Plongez les asperges dans de l'eau salée portée
à ébullition, de 4 à 5 minutes, jusqu'à ce qu'elles
soient tendres ; égouttez-les et réservez-les.
4 Versez le fromage blanc dans un saladier, ajoutez
le parmesan, la ciboulette et les œufs, et battez
l'ensemble jusqu'à obtention d'une consistance
crémeuse, salez et poivrez. Étalez une petite
quantité de ce mélange dans le fond du moule.
5 Faites des couches alternées dans le moule :
les asperges placées en long, un peu du mélange
au fromage blanc, les tomates séchées, du fromage
blanc, les cœurs d'artichauts et enfin le reste de
fromage blanc. Repliez les épinards qui dépassent
du moule sur le dessus de la préparation et
couvrez avec les feuilles réservées.
6 Mettez la terrine au four dans un bain-marie
(voir page 147) pendant 1 h 15, jusqu'à ce qu'une
brochette piquée en son centre en ressorte sèche.
Laissez-la refroidir avant de la démouler.
7 Décollez légèrement les bords de la terrine avec
un couteau, retournez-la sur un plat de service et
ôtez le papier sulfurisé. Coupez la terrine en
tranches. Servez-la sur des assiettes individuelles,
avec une sauce aux tomates séchées (page 121).

TERRINE DE PETITS POIS ET DE CHOU-FLEUR À LA MENTHE

*Voir l'illustration page 13. Pour 6 personnes
en entrée, ou pour 4 en plat principal.*

INGRÉDIENTS

*beurre et parmesan râpé pour tapisser le moule
350 g de petits pois surgelés
175 g de bouquets de chou-fleur
45 g de beurre
3 œufs
sel et poivre au moulin
2 cuillerées à soupe de menthe hachée
et 1 poignée de feuilles de menthe fraîche*

PRÉPARATION

1 Préchauffez le four à 160 °C (thermostat 3).
Tapissez le fond et les parois d'un moule d'une
feuille de papier sulfurisé. Beurrez-le et poudrez-le
de parmesan.
2 Mettez séparément les petits pois et le chou-fleur
dans deux casseroles d'eau bouillante salée, puis
faites-les cuire de 2 à 3 minutes, jusqu'à ce qu'ils
soient tendres. Égouttez-les.
3 Placez les petits pois dans le bol d'un robot
électrique avec 30 g de beurre et 2 œufs, salez,
poivrez et réduisez le mélange en purée. Versez
dans un saladier.
4 Mettez la moitié du chou-fleur, le reste de beurre
et le dernier œuf dans le bol nettoyé du robot,
réduisez en purée, salez, poivrez et ajoutez la
menthe hachée. Mélangez le tout.
5 Étalez une moitié de la purée de petits pois dans
le fond du moule, couvrez de feuilles de menthe,
répartissez les bouquets de chou-fleur par-dessus
et recouvrez-les de la purée de chou-fleur. Faites
une couche avec les feuilles de menthe restantes
et terminez avec le reste de la purée de petits pois.
6 Placez le moule au four dans un bain-marie (voir
page 147) pendant 1 h 15 environ, jusqu'à ce que
la terrine soit ferme et qu'une brochette piquée
en son centre ressorte sèche. Laissez-la refroidir
avant de la démouler.
7 Décollez doucement les bords de la terrine avec
un couteau, retournez-la sur un plat de service
et ôtez le papier sulfurisé. Coupez la terrine en
tranches. Servez-la sur des assiettes individuelles
avec une sauce au yaourt grec additionnée
de 1 ou 2 g de safran, ou une sauce hollandaise
chaude (page 123).

TERRINE DE FENOUIL, DE CAROTTES ET DE LENTILLES

Voir l'illustration page 13. Pour 6 personnes en entrée, ou pour 4 en plat principal.

INGRÉDIENTS

beurre et parmesan râpé pour tapisser le moule
250 g de bulbes de fenouil émincés
125 g de carottes pelées et émincées
90 g de lentilles (rouges de préférence)
1 oignon moyen haché
1/2 cuillerée à café de curcuma
15 cl de crème fraîche
3 œufs
1 pincée de clous de girofle pilés
sel et poivre au moulin
1 petit bouquet de persil plat ciselé

PRÉPARATION

1 Préchauffez le four à 160 °C (thermostat 3). Tapissez le fond et les parois d'un moule d'une feuille de papier sulfurisé. Beurrez-le et poudrez-le de parmesan.
2 Portez trois casseroles d'eau à ébullition ; dans l'une, mettez le fenouil, dans une autre, les carottes, et couvrez ; laissez-les cuire de 10 à 12 minutes, jusqu'à ce qu'ils soient tendres. Égouttez-les. Dans la troisième, mettez les lentilles et l'oignon, et couvrez ; laissez-les cuire pendant 15 minutes.
3 Égouttez, puis ajoutez le curcuma aux lentilles et l'oignon, versez le mélange dans le bol d'un robot électrique et réduisez-le en purée. Ajoutez la crème, les œufs, les clous de girofle pilés, salez, poivrez et réduisez le tout en fine purée. Versez dans un saladier.
4 Mettez-y les carottes, le fenouil et le persil sans trop les mélanger. Versez cette préparation dans le moule et tapotez-le pour vous assurer que la purée le remplit bien. Les carottes, le fenouil et le persil vont se répartir irrégulièrement, mais cela n'a aucune importance.
5 Placez le moule au four dans un bain-marie (voir page 147) pendant 1 h 15 environ, jusqu'à ce que la terrine soit ferme et qu'une brochette piquée en son centre ressorte sèche. Laissez-la refroidir avant de la démouler.
6 Décollez doucement les bords de la terrine avec un couteau, retournez-la sur un plat de service et ôtez le papier sulfurisé. Coupez la terrine en tranches, qui laisseront apparaître la répartition irrégulière des carottes, du persil et du fenouil. Servez dans des assiettes individuelles avec de la sauce au poivron rouge (page 120).

TERRINE DE PURÉES DE LÉGUMES

Voir l'illustration page 12. Pour 6 personnes en entrée, ou pour 4 en plat principal.

INGRÉDIENTS

beurre et parmesan râpé pour tapisser le moule
250 g de carottes pelées grossièrement hachées
250 g de navets pelés grossièrement hachés
300 g de fèves fraîches ou surgelées
45 g de beurre
3 cuillerées à soupe de crème fraîche
3 œufs
sel et poivre au moulin
6 cuillerées à soupe de cerfeuil finement haché

PRÉPARATION

1 Préchauffez le four à 160 °C (thermostat 3). Tapissez le fond et les parois d'un moule d'une feuille de papier sulfurisé. Beurrez-le et poudrez-le de parmesan.
2 Portez trois casseroles d'eau à ébullition ; dans l'une, mettez les carottes, dans une autre, les navets, dans la troisième, les fèves. Couvrez-les et laissez cuire les carottes et les navets de 10 à 12 minutes, et les fèves 5 minutes. Lorsque les légumes sont tendres, égouttez-les. Ôtez la peau des fèves.
3 Mettez les carottes dans le bol d'un robot électrique avec 15 g de beurre, un tiers de la crème fraîche et 1 œuf, réduisez ce mélange en purée, salez et poivrez. Versez dans un saladier.
4 Répétez cette opération avec les navets, puis avec les fèves, et versez chaque préparation dans un saladier différent.
5 Versez la purée de carottes dans le moule et couvrez-la de la moitié du cerfeuil. Ajoutez la purée de fèves, le reste du cerfeuil, puis la purée de navets.
6 Placez le moule au four dans un bain-marie (voir page 147) pendant 1 h 15, jusqu'à ce que la terrine soit ferme et qu'une brochette piquée en son centre en ressorte sèche.
7 Décollez doucement les bords de la terrine avec un couteau, retournez-la sur un plat de service et ôtez le papier sulfurisé. Coupez la terrine en tranches. Servez sur des assiettes individuelles avec un coulis de tomates fraîches (page 121).

TERRINE DE POTIRON, DE BROCOLIS ET DE POIREAUX

*Voir l'illustration page 12. Pour 6 personnes
en entrée, ou pour 4 en plat principal.*

INGRÉDIENTS

*beurre et parmesan râpé pour tapisser le moule
400 g de chair de potiron, dont 250 g en dés
et 150 g en fines tranches
250 g de bouquets de brocoli
4 à 6 petits poireaux coupés à la longueur du moule
45 g de beurre
2 gousses d'ail pelées et hachées
3 œufs
sel et poivre au moulin*

PRÉPARATION

1 Préchauffez le four à 160 °C (thermostat 3).
Tapissez le fond et les parois d'un moule d'une
feuille de papier sulfurisé. Beurrez-le et poudrez-le
de parmesan.
2 Portez trois casseroles d'eau salée à ébullition ;
placez-y les légumes séparément et laissez-les cuire
de 10 à 12 minutes environ, jusqu'à ce qu'ils
soient tendres. Vérifiez la cuisson à l'aide d'un
couteau. Égouttez-les.
3 Faites fondre le beurre dans une petite casserole,
ajoutez-y l'ail et faites-le revenir de 1 à 2 minutes
sur feu moyen, jusqu'à ce qu'il soit blond mais
non doré.
4 Versez l'ail dans le bol d'un robot électrique,
avec les dés de potiron, les œufs, du sel et du
poivre. Réduisez ce mélange en purée.
5 Étalez-en une fine couche dans le fond de la
terrine, recouvrez-la de brocolis, étalez une
nouvelle couche de purée, puis une couche de
la moitié des tranches de potiron et une couche
de purée ; rangez les poireaux en long, rajoutez
de la purée, le reste des tranches de potiron
et enfin le reste de purée.
6 Placez le moule au four dans un bain-marie
(voir page 147) pendant 1 h 15, jusqu'à ce que
la terrine soit ferme et qu'une brochette piquée
en son centre en ressorte sèche. Laissez-la refroidir
avant de la démouler.
7 Décollez légèrement les bords de la terrine avec
un couteau, retournez-la sur un plat de service et
ôtez le papier sulfurisé. Coupez la terrine en
tranches. Servez dans des assiettes individuelles
avec une sauce au poivron vert (page 120) ou
une petite mayonnaise (page 122) mélangée
à du yaourt grec.

TERRINE DE POIREAUX AU BLEU ET AU CRESSON DE FONTAINE

*Cette terrine se consomme aussi bien chaude
que froide. Chaude, c'est un plat approprié pour
un repas de fête, surtout si elle est accompagnée
d'une sauce au vin rouge (page 121). Pour
6 personnes en entrée, ou pour 4 en plat principal.*

INGRÉDIENTS

*beurre et parmesan râpé pour tapisser le moule
30 g de beurre
1 oignon moyen pelé et haché
500 g de blancs de poireau coupés en rondelles
60 g de cresson de fontaine grossièrement haché
avec quelques brins pour la garniture
3 œufs battus
125 g de bleu émietté
poivre au moulin*

PRÉPARATION

1 Préchauffez le four à 160 °C (thermostat 3).
Tapissez le fond et les parois d'un moule d'une
feuille de papier sulfurisé, beurrez-le et poudrez-le
de parmesan.
2 Faites fondre le beurre dans une casserole sur feu
doux, ajoutez l'oignon, couvrez et laissez cuire
5 minutes, jusqu'à ce qu'il soit tendre.
3 Mettez le poireau et le cresson dans la casserole,
et laissez-les cuire à découvert de 5 à 10 minutes ;
tout le liquide doit s'être évaporé. Retirez du feu
et laissez tiédir.
4 Ajoutez les œufs et le bleu, mélangez bien
et poivrez (ne salez pas, le bleu étant lui-même
très salé). Versez ce mélange dans le moule.
5 Placez le moule au four dans un bain-marie
(voir page 147) pendant 1 h 15, jusqu'à ce que
la terrine soit ferme et qu'une brochette piquée
en son centre en ressorte sèche. Laissez-la refroidir
avant de la démouler.
6 Décollez légèrement les bords de la terrine avec
un couteau, retournez-la sur un plat de service et
ôtez le papier sulfurisé. Coupez la terrine en
tranches et servez sur des assiettes individuelles
avec une sauce au vin rouge (page 121). Si vous
souhaitez servir la terrine chaude, couvrez-la
de papier sulfurisé et mettez-la au four à 160 °C
(thermostat 4) pendant 15 minutes environ.

LÉGUMES À L'INDIENNE

Onctueux et très parfumé, ce plat d'inspiration indienne est servi avec du riz nature (page 152). Comme bon nombre de plats épicés, il gagne à être préparé à l'avance, car toutes les saveurs ont alors le temps de se mêler. Pour 4 personnes.

INGRÉDIENTS

75 g de noix de coco fraîche râpée
2 cuillerées à soupe d'huile de tournesol
2 oignons moyens hachés
2 petits piments verts épépinés et émincés
2 gousses d'ail hachées
1/2 cuillerée à café de cumin en poudre
1/2 cuillerée à café de curcuma
1/2 cuillerée à café de coriandre en poudre
125 g de noix de cajou pilées
sel et poivre au moulin
250 g de riz à longs grains blanc ou brun
1/2 chou-fleur détaillé en bouquets
125 g de gombos nettoyés
125 g de courgettes coupées en rondelles
125 g de petits pois surgelés
2 à 4 cuillerées à soupe de coriandre fraîche hachée

PRÉPARATION

1 Placez la noix de coco dans un saladier, recouvrez-la de 45 cl d'eau bouillante, remuez bien et laissez-la fondre complètement.
2 Pendant ce temps, faites chauffer l'huile dans une casserole sur feu moyen, mettez-y les oignons et couvrez; laissez-les cuire de 5 à 7 minutes.
3 Ajoutez les piments, l'ail et toutes les épices, mélangez bien et laissez cuire 1 à 2 minutes de plus; retirez la casserole du feu.
4 Mélangez les noix de cajou pilées à la noix de coco. Versez le tout dans la casserole, salez et poivrez. Remuez, couvrez et réservez.

Vous pouvez préparer cette recette à l'avance jusqu'à cette étape. Le mélange de noix de coco et noix de cajou se conserve pendant 24 heures, couvert, au réfrigérateur.

5 Faites cuire le riz comme il est indiqué page 152. Lorsqu'il est presque à point, faites cuire les légumes. Versez 1 cm d'eau au fond d'une grande casserole, portez à ébullition et plongez-y le chou-fleur et les gombos; couvrez et laissez cuire à petits bouillons pendant 1 minute. Ajoutez les courgettes, couvrez de nouveau et laissez cuire 3 minutes de plus. Égouttez bien tous les légumes.
6 Mélangez les légumes avec la préparation à la noix de cajou, puis les petits pois, et replacez la casserole sur feu doux. Rectifiez l'assaisonnement et servez ce plat parsemé de coriandre, avec le riz.

Pulpe de noix de coco

Huile de tournesol

Oignon

Piments

Ail

Cumin en poudre

Curcuma

Coriandre en poudre

Noix de cajou

Coriandre fraîche

Sel

Poivre

Riz blanc

Chou-fleur

Gombo

Courgette

Petits pois

Poêlée Chinoise au Tofu Mariné

*Cette poêlée à la mode chinoise, servie avec du riz,
sera accompagnée de petits bols de sauce soja.
Pour 4 personnes.*

INGRÉDIENTS

TOFU MARINÉ

*300 g de tofu coupé en cubes de 1 cm de côté
3 cuillerées à soupe de sauce soja
1 cuillerée à soupe d'huile de sésame
1 gousse d'ail hachée*

POÊLÉE DE LÉGUMES

*125 g de carottes
250 g de germes de soja
125 g d'épis de maïs nains
125 g de haricots mange-tout
1 petite botte d'oignons nouveaux
200 g de châtaignes d'eau en boîte
200 g de pousses de bambou en boîte
125 g de champignons noirs en boîte
1 cuillerée à soupe de Maïzena
1 morceau de gingembre frais non pelé et râpé
1 pincée de cinq-épices
1 cuillerée à soupe de xérès demi-sec
4 cuillerées à soupe de sauce soja
2 cuillerées à soupe d'huile d'arachide*

PRÉPARATION

1 Préparez le tofu, car il doit mariner 1 heure.
Placez les cubes de tofu dans un récipient profond
pouvant passer sous le gril, aspergez de la sauce
soja et d'huile de sésame, ajoutez l'ail et mélangez.
Couvrez et réservez.
2 Préparez les légumes : émincez les carottes très
finement ; rincez et égouttez le soja et les épis de
maïs ; parez les haricots mange-tout et les oignons ;
égouttez les châtaignes d'eau, les pousses de
bambou et les champignons noirs.
3 Mélangez la Maïzena, le gingembre, le cinq-
épices, le xérès et le soja dans un petit saladier,
jusqu'à obtention d'une pâte épaisse.
4 Juste avant de servir cette poêlée, placez le
récipient où marine le tofu sous le gril du four
bien chaud. Faites rôtir les cubes de tofu, en les
retournant, pendant 3 ou 4 minutes.
5 Pendant ce temps, versez l'huile d'arachide dans
un wok ou dans une grande poêle et placez sur feu vif.
6 Quand l'huile commence à fumer, jetez-y tous
les légumes et faites-les revenir pendant 2 minutes
environ en les remuant avec une spatule.
7 Mélangez la pâte préparée précédemment et
ajoutez-la aux légumes. Poursuivez la cuisson
pendant 1 minute. Ajoutez le tofu et servez.

Poêlée de Légumes aux Amandes Grillées

*L'été est la meilleure des saisons pour les poêlées :
les jeunes légumes bien tendres et les fines herbes
sont des ingrédients parfaits. Pour 4 personnes.*

INGRÉDIENTS

*le jus et l'écorce de 1 citron
250 g de pointes d'asperges
250 g de courgettes
250 g de carottes nouvelles
250 g de brocolis
250 g de haricots mange-tout
250 g de petits pois
2 cuillerées à soupe d'huile d'arachide
4 cuillerées à soupe de persil plat haché
sel et poivre au moulin
100 g d'amandes effilées et grillées*

PRÉPARATION

1 Ôtez la partie blanche de la peau du citron,
coupez-la en fines lanières et réservez.
2 Préparez tous les légumes. Pelez les pointes
d'asperges si nécessaire. Coupez les courgettes en
petits bâtonnets. Émincez les carottes en biseau.
Séparez les brocolis en petits bouquets. Effilez
les haricots mange-tout et écossez les petits pois.
3 Versez l'huile d'arachide dans un wok ou dans
une grande poêle et placez sur feu vif.
4 Lorsque l'huile commence à fumer, jetez-y tous
les légumes et faites-les revenir 1 ou 2 minutes :
ils doivent être chauds et encore croquants.
5 Ajoutez le jus et l'écorce de citron, le persil,
du sel et du poivre, et faites revenir 1 minute.
Servez de suite, parsemé des amandes grillées.

VARIANTE

Mettez 60 g d'amandes effilées et 60 g de graines
de potiron et de sésame dans la lèchefrite. Arrosez-
les de 4 cuillerées à soupe de sauce soja et faites-les
griller 5 à 10 minutes. Secouez la lèchefrite de temps
en temps. Laissez refroidir et versez sur la poêlée.

POÊLÉE DE LÉGUMES AU GOMASIO

Le gomasio, mélange de graines de sésame et de sel grillés et réduits en poudre, apporte son goût exotique à une poêlée de légumes. Vous pouvez le faire vous-même et le conserver 1 semaine dans une boîte hermétique. Bien entendu, le choix des légumes de la poêlée dépend de vos goûts. Pour 4 personnes.

INGRÉDIENTS

GOMASIO
6 cuillerées à soupe de graines de sésame
1 1/2 cuillerée à café de sel marin

FRICASSÉE
2 bottes d'oignons nouveaux
350 g de petits navets nouveaux pelés
350 g de carottes pelées
350 g de haricots mange-tout
2 bottes de radis
1 petit morceau de gingembre frais
1 gousse d'ail
2 cuillerées à soupe d'huile d'arachide
4 cuillerées à soupe de sauce soja

PRÉPARATION

1 Commencez par préparer le gomasio. Faites sauter les graines de sésame et le sel dans une poêle à frire; lorsque les graines sont légèrement dorées et commencent à éclater, arrêtez la cuisson; cela demande de 1 à 2 minutes. Laissez refroidir puis réduisez en poudre dans un robot électrique. Versez dans un petit récipient creux.

2 Pelez les oignons et ôtez les tiges ou préparez-les en plumet comme expliqué page 145. Coupez les navets en fins bâtonnets. Émincez les carottes en biseau. Effilez les haricots mange-tout. Détaillez les radis en fines rondelles. Râpez le gingembre, pelez et hachez la gousse d'ail.

3 Versez l'huile d'arachide dans un wok ou dans une sauteuse et placez-la sur feu vif.

4 Lorsque l'huile commence à fumer, jetez-y tous les légumes, ainsi que le gingembre et l'ail. Faites sauter les légumes 1 à 2 minutes, jusqu'à ce qu'ils soient bien chauds mais encore croquants.

5 Ajoutez la sauce soja et faites sauter les légumes pendant encore 1 minute. Servez-les de suite parsemés de gomasio. Vous pouvez également présenter le gomasio à part dans un bol.

PARMIGIANA DI MELANZANE

*Cette tourte de l'Italie du Sud se prépare
normalement avec des aubergines frites. Pour
l'alléger, vous pouvez simplement faire cuire
les légumes à la vapeur ou les faire bouillir.
Servez avec du pain, de la salade et du vin rouge.
Pour 4 personnes.*

INGRÉDIENTS

*750 g d'aubergines finement émincées
2 cuillerées à soupe d'huile d'olive
2 oignons moyens pelés et hachés
2 gousses d'ail pelées et hachées
2 boîtes de tomates entières pelées (2 x 400 g)
sel et poivre au moulin
250 g de mozzarella en tranches
60 g de parmesan fraîchement râpé*

PRÉPARATION

1 Préchauffez le four à 200 °C (thermostat 6).
2 Faites cuire les aubergines à la vapeur ou dans
de l'eau portée à ébullition, jusqu'à ce qu'elles
soient tendres. À la vapeur, vos légumes seront
cuits en quelques minutes, mais, selon la taille
de votre autocuiseur, il vous faudra peut-être
procéder en deux fois.
3 Pendant ce temps, faites chauffer l'huile sur feu
moyen dans une sauteuse assez grande, mettez-y
les oignons, couvrez et faites cuire 5 minutes.
Ajoutez l'ail et prolongez la cuisson de 1 minute.
4 Versez les tomates avec leur jus et laissez cuire
à découvert 15 minutes environ, jusqu'à ce que le
mélange réduise et que le liquide se soit évaporé.
Salez et poivrez à votre convenance.
5 Étalez une couche d'aubergines dans un plat à
four légèrement graissé. Couvrez-les de tranches
de mozzarella et d'un peu de sauce tomate.
Formez de nouvelles couches avec les aubergines,
la mozzarella et enfin la sauce tomate, jusqu'à
épuisement des ingrédients. Terminez par la sauce
tomate et saupoudrez de parmesan.
6 Placez au four, à découvert, de 25 à 30 minutes ;
le dessus doit être doré et légèrement soufflé.
Servez de suite.

VARIANTES

Pour cette recette, utilisez de préférence de la
mozzarella de bufflonne baignant dans de l'eau.
À défaut, vous pouvez employer un autre
fromage italien, ou même du brie ou du
camembert. Une autre version de ce plat consiste
à mélanger des pommes de terre cuites et des
aubergines, ou encore à n'utiliser que des
pommes de terre.

GRATIN DE COURGETTES À LA TOMATE

*Accompagné de pommes de terre nouvelles et d'une
petite salade, ce gratin constitue un repas léger tout
indiqué pour l'été. Pour 4 personnes en entrée,
ou pour 2 en plat principal.*

INGRÉDIENTS

*30 g de beurre
3 cuillerées à soupe d'huile d'olive
750 g de courgettes finement émincées
1 oignon moyen pelé et haché
1 gousse d'ail pelée et hachée
500 g de tomates fraîches pelées
et grossièrement hachées
sel et poivre au moulin
30 g de chapelure*

PRÉPARATION

1 Préchauffez le four à 200 °C (thermostat 6).
2 Faites fondre le beurre avec 1 cuillerée à soupe
d'huile dans une grande casserole, sur feu moyen.
Ajoutez les courgettes, couvrez et laissez cuire
de 5 à 7 minutes environ, jusqu'à ce qu'elles
deviennent tendres.
3 Pendant ce temps, faites chauffer, à feu modéré,
le reste d'huile dans une casserole de taille moyenne,
mettez l'oignon, couvrez et laissez cuire 5 minutes,
puis ajoutez l'ail et prolongez la cuisson de 1 minute.
4 Baissez le feu sous la casserole contenant
l'oignon et ajoutez les tomates, couvrez et laissez
cuire 15 minutes environ, jusqu'à ce qu'elles aient
réduit et que le jus se soit évaporé. Salez et poivrez.
5 Mélangez les courgettes avec la sauce tomate,
puis disposez le tout dans un plat à four graissé.
Saupoudrez de chapelure.
6 Mettez au four et laissez cuire à découvert 25 à
30 minutes, jusqu'à ce que le dessus devienne doré
et croustillant. Servez aussitôt.

VARIANTES

GRATIN DE POIREAUX Remplacez les
courgettes par une même quantité de blancs de
poireau finement émincés, et laissez-les cuire dans
le beurre et l'huile pendant 15 minutes environ,
jusqu'à ce qu'ils deviennent tendres. Ajoutez-les
à la sauce tomate et référez-vous, pour la suite,
à la recette précédente.
**GRATIN DE NAVETS, POMMES DE TERRE
OU CHOU-RAVE** Remplacez les courgettes par
une même quantité de navets, pommes de terre ou
chou-rave, coupés en tranches de 5 mm d'épaisseur,
et cuits à la vapeur ou bouillis.

LÉGUMES RÔTIS À LA PROVENÇALE

*Ce plat de légumes est très facile à réaliser.
La quantité d'ail utilisée peut paraître excessive :
1 tête, au lieu des 1 ou 2 gousses habituelles, mais
l'ail rôti a un goût moins prononcé. Il est inutile
de l'éplucher avant la cuisson ; une fois les légumes
dans votre assiette, faites simplement éclater
la peau entre vos doigts et dégustez la crème
qui se trouve à l'intérieur. Pour 4 personnes.*

INGRÉDIENTS

3 bulbes de fenouil
3 poivrons rouges
3 aubergines
3 oignons rouges
huile d'olive
1 tête d'ail
3 cuillerées à soupe de vinaigre balsamique
quelques feuilles de basilic
sel et poivre au moulin

PRÉPARATION

1 Préchauffez le four à 230 °C (thermostat 8).
2 Préparez les bulbes de fenouil ; après avoir ôté
les feuilles extérieures, épluchez et fendez chaque
bulbe dans le sens de la longueur, d'abord en
deux, puis en quatre et enfin en huit. Les
morceaux doivent rester attachés à la base. Faites
cuire à la vapeur ou dans de l'eau portée à
ébullition pendant 8 minutes, jusqu'à ce que
les fenouils soient tendres. Égouttez-les, puis
séchez-les sur du papier absorbant.
3 Coupez les poivrons en tronçons, et ôtez les
graines et les parties blanches de l'intérieur. Ne les
pelez pas : la peau s'enlèvera facilement après
avoir été rôtie ; elle fera même le délice de certains.
4 Épluchez les aubergines et coupez-les en tronçons.
5 Pelez les oignons et fendez-les en huit, de la
même façon que les fenouils.
6 Badigeonnez d'huile d'olive, à l'aide d'un
pinceau, tous les légumes, puis faites-les cuire
20 minutes au four dans un plat à rôtir.
7 Retirez le plat du four. Séparez la tête d'ail
en gousses et ajoutez-les, sans les éplucher, aux
légumes, que vous retournerez. Remettez le plat
au four, réduisez le feu à 180 °C (thermostat 4) et
laissez cuire de 15 à 20 minutes environ, jusqu'à
ce que les légumes soient tendres et dorés.
8 Versez la préparation dans un plat de service
préchauffé, arrosez de vinaigre et parsemez de
feuilles de basilic grossièrement ciselées. Salez,
poivrez et servez de suite.

LÉGUMES D'HIVER RÔTIS

*Cette recette permet d'accommoder de manière
originale les légumes-racines de l'hiver. Variez les
ingrédients en fonction des légumes disponibles sur
le marché et servez, le cas échéant, avec une sauce
d'accompagnement, comme l'hoummos (page 53).
Pour 4 personnes.*

INGRÉDIENTS

750 g de céleris
750 g de navets
750 g de carottes
750 g de pommes de terre
6 cuillerées à soupe d'huile d'olive ou d'arachide
gros sel de mer

PRÉPARATION

1 Préchauffez le four à 230 °C (thermostat 8).
2 Quand le four est chaud, mettez-y deux plats
à rôtir, dans lesquels vous aurez préalablement
versé l'huile.
3 Lavez, épluchez, séchez vos légumes et coupez-
les en petits morceaux de taille égale.
4 Versez les légumes dans l'huile chaude, dont
vous prélèverez quelques cuillerées pour les en
arroser ; laissez cuire pendant 2 minutes environ.
5 Réduisez la température à 180 °C (thermostat 4) ;
retournez les légumes et laissez la cuisson se
poursuivre de 15 à 20 minutes, jusqu'à ce qu'ils
soient dorés à l'extérieur et tendres à l'intérieur.
6 Retirez du four, séchez les légumes sur du papier
absorbant et dressez-les sur un plat de service.
Parsemez de gros sel et servez de suite.

TEMPURA

Cette façon de préparer les légumes, frits dans une pâte à beignets légère, est d'inspiration japonaise. On peut utiliser toutes sortes de légumes, coupés en petits morceaux pour une cuisson rapide, ou blanchis au préalable, ce qui constitue le meilleur mode de préparation du chou-fleur ou des brocolis. Servez la tempura avec une sauce d'accompagnement, ou avec du riz. Pour 4 personnes en entrée, ou pour 2 en plat principal.

INGRÉDIENTS

1 carotte moyenne pelée et coupée en bâtonnets
1 oignon rouge pelé et finement émincé
125 g de mange-tout effilés
125 g de champignons shiitake finement émincés
SAUCE D'ACCOMPAGNEMENT
1 morceau de gingembre frais de la taille d'une noix, non pelé et râpé
2 cuillerées à soupe de mirin (saké sucré) ou 1 1/2 cuillerée à café de miel dissous dans 1 cuillerée à soupe d'eau chaude
3 cuillerées à soupe de sauce soja
PÂTE À BEIGNETS
préparée à la dernière minute, avec 1 œuf cassé dans 125 g de farine tamisée et salée, le tout mélangé à 12,5 cl d'eau tiède
FRITURE
huile d'arachide

PRÉPARATION

1 Battez au fouet tous les ingrédients de la sauce d'accompagnement et versez-la dans de petits ramequins individuels.

2 La pâte à beignets doit être préparée à la toute dernière minute et n'a donc pas besoin de reposer. Cassez l'œuf dans la farine, salez et battez légèrement avec une fourchette. Ajoutez l'eau tiède et mélangez pour former une pâte à beignets légère. Elle ne doit pas être trop mousseuse.

3 Versez de l'huile sur une hauteur de 8 cm dans une friteuse (ou une grande casserole) et placez sur feu vif.

4 Quand l'huile atteint une température de 180 °C – plongez-y le manche d'une cuillère en bois et vous verrez des bulles se former dessus –, plongez trois ou quatre morceaux de légumes dans la pâte à beignets, puis dans l'huile.

5 Faites frire 1 minute de chaque côté, en retournant avec l'écumoire. Égouttez les beignets sur du papier absorbant mais ne les enveloppez pas, pour qu'ils restent croustillants.

6 Faites frire tous les légumes et servez aussitôt avec la sauce d'accompagnement.

Shiitake

Mange-tout

Oignon

Carottes

Sauce soja

Gingembre frais

Mirin

Pâte
à beignets

Huile d'arachide

GÂTEAU DE CRÊPES

*Les crêpes sont disposées en fines couches, séparées
par une couche de purée d'aubergines,
et recouvertes de sauce Béchamel et de parmesan.
Garnies de tomates cerises et de brins d'origan frais,
elles constituent un excellent plat principal. Coupez
le gâteau en tranches. Pour 4 à 6 personnes.*

INGRÉDIENTS

*pâte à crêpes (page 149)
huile d'olive pour la cuisson des crêpes*

GARNITURE

*4 cuillerées à soupe d'huile d'olive
2 gros oignons pelés et hachés
4 belles gousses d'ail pelées et hachées
1,5 kg d'aubergines coupées en petits dés
60 g de farine
2 x 400 g de tomates entières pelées en boîte
30 cl de vin rouge
250 g de champignons coupés en lamelles
2 cuillerées à soupe d'origan frais haché
sel et poivre au moulin*

COUVERTURE

*45 cl de sauce Béchamel (page 148)
15 cl de crème fraîche liquide
noix muscade fraîchement râpée
30 à 60 g de parmesan fraîchement râpé
tomates cerises et brins d'origan pour la décoration*

PRÉPARATION

CRÊPES

1 Préparez la pâte à crêpes comme il est indiqué
page 149 et placez-la près du feu.
2 Badigeonnez d'huile d'olive une poêle à frire
de 20 cm de diamètre, et portez-la sur feu vif.
Lorsque l'huile est assez chaude – 1 goutte d'eau
doit la faire grésiller –, retirez la poêle du feu et
versez-y, avec une louche, une quantité suffisante
de pâte pour en recouvrir le fond. Remettez sur
le feu et laissez cuire jusqu'à ce que la pâte soit
dorée, 1 minute environ. Retournez la crêpe.
3 Faites cuire l'autre côté quelques secondes.
Déposez la crêpe sur une feuille d'aluminium.
Replacez la poêle sur le feu – il est inutile de la
graisser à chaque fois – et procédez de la même
manière pour les cinq crêpes suivantes. Empilez-
les au fur et à mesure de leur cuisson et couvrez-
les de papier d'aluminium.

*Jusqu'à ce stade, les crêpes peuvent être
préparées à l'avance. Enveloppez-les dans
du papier d'aluminium et gardez-les
jusqu'à 3 jours au réfrigérateur, 3 mois
au congélateur.*

GARNITURE

1 Faites chauffer 3 cuillerées à soupe d'huile dans
une grande sauteuse, sur feu moyen, jetez-y les
oignons et l'ail, couvrez et laissez cuire 5 minutes.
Ajoutez les aubergines, couvrez de nouveau,
et laissez cuire de 15 à 20 minutes, jusqu'à ce
qu'elles soient tendres. Remuez de temps à autre.
2 Saupoudrez les aubergines de farine, augmentez
le feu et laissez cuire de 1 à 2 minutes; ajoutez les
tomates avec leur jus et le vin rouge, et prolongez
la cuisson sur feu moyen jusqu'à ce que le mélange
réduise et forme une purée épaisse; baissez alors
le feu, couvrez et laissez mijoter de 8 à 10 minutes.
Retirez la casserole du feu.
3 Dans une autre sauteuse, faites chauffer à feu
modéré le reste d'huile, mettez les champignons
et laissez-les revenir jusqu'à ce qu'ils soient tendres
et légèrement dorés, de 3 à 5 minutes environ.
Égouttez-les et versez-les dans la purée d'aubergines.
Assaisonnez d'origan, salez et poivrez.

MONTAGE ET CUISSON DU GÂTEAU

1 Préchauffez le four à 200 °C (thermostat 6).
Étalez une crêpe – décongelée si nécessaire – sur
un grand plat allant au four. Garnissez-la d'une
couche épaisse de purée d'aubergines, puis mettez
une autre crêpe, recouverte à son tour d'une autre
couche d'aubergines, et ainsi de suite, jusqu'à
épuisement des ingrédients. Vous terminerez par
une crêpe.
2 Faites réchauffer doucement la sauce Béchamel,
additionnée de crème fraîche liquide, rectifiez
l'assaisonnement en sel et en poivre et ajoutez de
la noix muscade. Nappez généreusement le dessus
de la dernière crêpe avec la sauce.
3 Saupoudrez de parmesan le dessus du gâteau
et glissez-le au four. Faites cuire 20 minutes
à découvert, jusqu'à ce qu'il soit bien doré en
surface. Garnissez avec les tomates cerises
et les brins d'origan. Servez de suite.

CRÊPES AUX GRAINES DE MOUTARDE

*Les graines de moutarde confèrent à ces crêpes une
saveur épicée. La garniture est également relevée,
mais raisonnablement. Un chutney à la mangue
et une salade de tomates avec des lamelles d'oignon
accompagnent fort bien ces crêpes.*

INGRÉDIENTS

CRÊPES

pâte à crêpes (page 149)
8 cuillerées à soupe de graines de moutarde
huile d'olive pour la cuisson des crêpes

GARNITURE

2 cuillerées à soupe d'huile d'olive
1 bel oignon pelé et finement haché
2 gousses d'ail pelées et hachées
1/2 cuillerée à café de safran
2 cuillerées à café de graines de cumin
500 g de pommes de terre pelées et coupées en dés
250 g d'épinards frais
sel et poivre au moulin

PRÉPARATION

CRÊPES

1 Préchauffez le four à 180 °C (thermostat 4),
afin de pouvoir tenir les crêpes au chaud au fur
et à mesure de leur cuisson. Préparez la pâte à
crêpes en y ajoutant les graines de moutarde,
et placez-la près du feu.
2 Enduisez d'huile d'olive une poêle de 15 cm de
diamètre et portez-la sur feu vif. Lorsque l'huile
est assez chaude – elle doit grésiller quand on

y jette une goutte d'eau –, retirez la poêle du feu
et versez-y, avec une louche, une quantité de pâte
suffisante pour en recouvrir le fond. Remettez sur
le feu et laissez cuire 1 minute environ, jusqu'à
ce que la pâte soit dorée d'un côté. Retournez
la crêpe.
3 Faites cuire l'autre côté quelques secondes.
Déposez la crêpe sur une feuille d'aluminium.
Replacez la poêle sur le feu – il ne sera pas utile
de la graisser à chaque fois – et procédez de la
même manière pour les crêpes suivantes. Empilez-
les au fur et à mesure de leur cuisson et couvrez-
les de papier d'aluminium.

 *Jusqu'à ce stade, les crêpes peuvent être
préparées à l'avance. Enveloppez-les dans
du papier d'aluminium et gardez-les 3 jours
au réfrigérateur, 3 mois au congélateur.*

GARNITURE

1 Faites chauffer l'huile dans une grande casserole
sur feu moyen, mettez-y l'oignon et faites-le
revenir pendant 5 minutes. Ajoutez l'ail et les
épices, remuez et laissez cuire de 1 à 2 minutes.
2 Versez les pommes de terre, remuez de façon à
bien les enrober de l'huile aux épices, incorporez
les épinards, tournez encore et laissez cuire 10 à
12 minutes, jusqu'à ce que les épinards et les
pommes de terre soient tendres. Salez et poivrez.
3 Préchauffez le four à 180° C (thermostat 4).
4 Étalez la garniture en fines couches sur chaque
crêpe ; roulez et placez les crêpes côte à côte dans
un plat allant au four, légèrement graissé. Couvrez
de papier d'aluminium.
5 Faites réchauffer pendant 20 minutes et servez.

LES LÉGUMES-GARNITURES

Les onctueux gratins de pommes de terre, les émincés de légumes aux herbes, le chou rouge épicé, le céleri en purée, les poireaux à l'étuvée... voici quelques exemples de garnitures parmi les plus savoureuses et les plus faciles à réaliser. Elles ont en outre l'avantage d'offrir une grande souplesse d'adaptation. Quelques légumes cuisinés selon des techniques simples accompagnent un plat élaboré, mais ils peuvent aussi représenter le plat principal d'un dîner léger.

GRATIN DAUPHINOIS

Pour 4 personnes.

INGRÉDIENTS

750 g de pommes de terre pelées
45 g de beurre
1 ou 2 gousses d'ail pelées et hachées
noix muscade râpée
sel et poivre au moulin
15 cl de crème fraîche
30 cl de lait

PRÉPARATION

1 Préchauffez le four à 150°C (thermostat 2).
2 Coupez les pommes de terre en tranches fines. Passez-les sous l'eau fraîche et égouttez-les dans une passoire. Séchez-les sur du papier absorbant.
3 Beurrez un plat à gratin avec la moitié du beurre. Parsemez l'ail en surface et répartissez les tranches de pommes de terre en couches assaisonnées de noix muscade, sel et poivre. Recouvrez avec la crème fraîche, le lait et le reste du beurre coupé en noisettes.
4 Placez le plat dans le four et laissez cuire les pommes de terre environ 1 h 30.

GRATIN DAUPHINOIS AUX CHAMPIGNONS DES BOIS

Pour 4 personnes.

INGRÉDIENTS

1 sachet de champignons sauvages surgelés
750 g de pommes de terre pelées
45 g de beurre
1 ou 2 gousses d'ail pelées et hachées
sel et poivre au moulin
15 cl de crème fraîche
30 cl de lait

PRÉPARATION

1 Préchauffez le four à 150°C (thermostat 2).
2 Faites l'étape 2 du gratin dauphinois.
3 Égouttez les champignons et hachez-les.
4 Beurrez un plat à gratin avec la moitié du beurre. Parsemez l'ail en surface, étalez une couche de pommes de terre, puis une autre de champignons, salez, poivrez, et poursuivez ainsi jusqu'à épuisement des ingrédients, en terminant par des pommes de terre. Ajoutez la crème, le lait et le reste du beurre coupé en noisettes.
5 Effectuez l'étape 4 du gratin dauphinois.

GRATIN DAUPHINOIS AUX TOMATES

Pour 4 personnes.

INGRÉDIENTS

750 g de pommes de terre pelées
4 cuillerées à soupe d'huile d'olive
1 gousse d'ail pelée et hachée
750 g de tomates pelées et concassées
sel et poivre au moulin

quelques feuilles de basilic ciselées

PRÉPARATION

1 Effectuez les étapes 1 et 2 du gratin dauphinois.
2 Graissez un plat à gratin avec la moitié de l'huile, parsemez l'ail. Étalez une couche de pommes de terre, une de tomate, salez, poivrez, et ainsi de suite jusqu'à épuisement des ingrédients, en terminant par des pommes de terre. Arrosez de l'huile restante.
3 Effectuez l'étape 4 du gratin dauphinois. Servez dès la sortie du four, parsemé de feuilles de basilic.

ÉVENTAILS DE POMMES DE TERRE RÔTIES

Voici une manière très originale de présenter les pommes de terre.
Vous pouvez exécuter les points 1 et 2 de la recette à l'avance,
et remettre à plus tard la cuisson au four. Pour 4 personnes,
comptez 1 kg de pommes de terre et 60 g de beurre fondu.

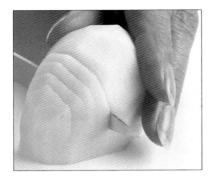  

1 Pelez les pommes de terre et coupez-les en deux. Détaillez chaque moitié, posée sur sa partie coupée, en fines tranches, sans les détacher complètement.

2 Faites bouillir les pommes de terre ainsi préparées durant 5 minutes et égouttez-les. Disposez-les sur la plaque du four et, à l'aide d'un pinceau, badigeonnez-les de beurre fondu.

3 Préchauffez le four à 200 °C (thermostat 6). Mettez les pommes de terre au four de 40 à 60 minutes, jusqu'à ce qu'elles soient dorées à l'extérieur, moelleuses à l'intérieur. Servez immédiatement.

RÖSTI À LA SAUGE

*Les röstis sont bien meilleurs présentés sous
la forme d'une galette croustillante et parfumée.
Vous pouvez remplacer la sauge par du romarin,
du thym ou 2 cuillerées à soupe de baies de genièvre
en poudre. Pour 4 personnes.*

INGRÉDIENTS

*1 kg de pommes de terre à peau fine
sel
2 cuillerées à soupe de sauge fraîche
huile d'olive ou de tournesol*

PRÉPARATION

1 Mettez les pommes de terre dans une casserole et couvrez d'eau froide salée. Portez à ébullition et laissez bouillir 5 minutes, jusqu'à ce que vous sentiez les pommes de terre tendres sous la pointe d'un couteau. Égouttez-les et laissez refroidir.
2 Épluchez les pommes de terre. Hachez-les grossièrement et ajoutez la sauge.
3 Versez de l'huile dans le fond d'une poêle, sur feu moyen. Lorsque l'huile est chaude, ajoutez les pommes de terre et pressez avec une spatule pour leur donner la forme d'une galette. Laissez rissoler 8 minutes environ, de manière que le dessous soit doré et croustillant. Retournez le rösti sur une assiette et remettez-le dans la poêle.
4 Faites rissoler l'autre côté, puis égouttez sur un papier absorbant et servez aussitôt.

GALETTES DE POMMES DE TERRE

*Voici une manière simple et rapide de préparer
les pommes de terre. Les enfants en sont
particulièrement friands. Pour 4 personnes.*

INGRÉDIENTS

*500 g de pommes de terre épluchées
1 petit oignon pelé
1 cuillerée à soupe de farine
2 œufs battus
sel et poivre au moulin
huile d'olive ou de tournesol*

PRÉPARATION

1 Hachez grossièrement les pommes de terre crues. Passez-les rapidement sous l'eau et égouttez-les. Quand elles sont bien sèches, mettez-les dans un saladier.
2 Hachez l'oignon et incorporez-le aux pommes de terre. Saupoudrez de farine et ajoutez les œufs battus. Salez, poivrez et mélangez.
3 Versez l'huile dans le fond d'une poêle, sur feu moyen. Lorsqu'elle est chaude, jetez-y plusieurs cuillerées à soupe de la pâte préparée, en aplatissant avec le dos de la cuillère, de façon à former une galette. Faites frire 3 minutes, jusqu'à ce que le dessous soit doré et croustillant. Retournez et laissez cuire l'autre côté de la même manière. Les galettes doivent être moelleuses à l'intérieur et croustillantes sur les deux faces.

TAGLIATELLE DE CHOU

Les feuilles de chou blanc sont découpées en lanières semblables à des tagliatelle, puis roulées dans le beurre et les aromates. Ce plat sera meilleur préparé avec un jeune chou bien tendre.
Pour 4 personnes.

INGRÉDIENTS

500 à 750 g de chou blanc
15 g de beurre
noix muscade fraîchement râpée
graines de cumin
sel et poivre au moulin

PRÉPARATION

1 Ôtez le cœur du chou, puis coupez les feuilles en longues lanières pareilles à des tagliatelle. Vous pouvez utiliser un couteau ou un appareil à découper la pâte à nouilles.
2 Versez 1 cm d'eau bouillante dans une casserole et ajoutez le chou. Couvrez la casserole et faites cuire le chou à feu modéré, de 5 à 7 minutes, jusqu'à ce qu'il devienne tendre. La majeure partie du chou cuira à la vapeur, conservant ainsi sa saveur et ses vitamines. Égouttez.
3 Placez dans un saladier et ajoutez le beurre et les aromates. Salez et poivrez selon votre goût. Mélangez bien et servez aussitôt.

RUBANS DE CAROTTES ET DE COURGETTES AU PISTOU

Découpés en longs rubans et agrémentés d'un savoureux pistou, ces légumes constituent un plat d'été particulièrement rafraîchissant (voir l'illustration page 84). Pour 4 personnes.

INGRÉDIENTS

250 g de grosses carottes parées
250 g de courgettes moyennes parées
2 cuillerées à soupe de pistou (page 123)
sel et poivre au moulin

PRÉPARATION

1 Coupez les carottes et les courgettes en longs rubans à l'aide d'un couteau économe.
2 Versez 1 cm d'eau bouillante dans une casserole et ajoutez les carottes. Couvrez et faites cuire à feu modéré de 2 à 3 minutes. Ajoutez les courgettes et prolongez la cuisson de 1 minute. Égouttez.
3 Mettez les légumes dans un saladier, ajoutez le pistou, salez et poivrez; mélangez bien et servez immédiatement.

JULIENNE DE CHOU-RAVE

Le chou-rave est un légume-racine à la saveur délicate, qui ressemble au navet et croque agréablement sous la dent. Sa peau, très fine, est vert pâle ou pourpre. Pour 4 personnes.

INGRÉDIENTS

750 g de chou-rave
15 g de beurre
sel et poivre au moulin

PRÉPARATION

1 Pelez le chou-rave, puis coupez-le en julienne.
2 Versez 1 cm d'eau bouillante dans une casserole et ajoutez le chou-rave. Couvrez la casserole et laissez cuire à feu modéré durant 2 minutes, jusqu'à ce que le chou soit parfaitement tendre. Égouttez.
3 Placez le chou-rave dans un saladier et ajoutez le beurre. Salez et poivrez selon votre goût. Mélangez bien et servez aussitôt.

JULIENNE DE BETTERAVE

Voici une recette facile et délicieuse. Utilisez des betteraves précuites si vous le désirez, à condition qu'elles n'aient pas macéré dans le vinaigre. Pour 4 personnes.

INGRÉDIENTS

750 g de betteraves crues
le jus et le zeste de 1 orange
15 g de beurre
sel et poivre au moulin

PRÉPARATION

1 Nettoyez les betteraves. Enlevez les feuilles, mais gardez 10 cm de queue pour éviter que les betteraves ne « saignent » trop durant la cuisson. Mettez-les dans une casserole, couvrez d'eau froide et portez à ébullition. Réduisez le feu, couvrez et faites cuire environ 1 heure, jusqu'à ce que les betteraves soient tendres sous la pointe d'un couteau.
2 Laissez les betteraves refroidir, puis pelez-les à l'aide d'un couteau aiguisé. Coupez-les en julienne.

Jusqu'à ce stade, vous pouvez préparer les betteraves plusieurs heures à l'avance.

3 Pelez l'orange, ôtez la partie blanche de l'écorce et découpez le zeste en longs rubans que vous ajouterez, avec le jus de l'orange, aux betteraves. Mettez le beurre, salez et poivrez selon votre goût. Couvrez, faites réchauffer et servez.

FÈVES AU CUMIN

Les fèves sont un délicat légume d'accompagnement. Lorsqu'elles sont jeunes et tendres, faites-les cuire entières à la vapeur et mangez-les nature. Plus vieilles, elles seront meilleures écossées, agrémentées des graines de cumin. Pour 4 personnes.

INGRÉDIENTS

750 g de fèves
15 g de beurre
1 cuillerée à soupe d'huile d'olive
2 cuillerées à soupe de graines de cumin
sel et poivre au moulin

PRÉPARATION

1 Versez 1 cm d'eau bouillante dans une casserole et versez-y les fèves. Couvrez et laissez-les cuire sur feu modéré pendant 2 à 5 minutes, selon leur taille : elles doivent être tendres mais encore croquantes. Égouttez-les et mettez-les dans un saladier.
2 Faites chauffer le beurre et l'huile dans une casserole, sur feu modéré. Ajoutez les graines de cumin et remuez 1 à 2 minutes, jusqu'à ce qu'elles éclatent et que leur arôme se dégage. Versez le contenu de la casserole dans le saladier. Mélangez doucement, rectifiez l'assaisonnement et servez.

POIREAUX À L'ÉTUVÉE AU PERSIL

Les poireaux de taille moyenne sont les meilleurs et les plus tendres, mais l'essentiel est de les choisir de même diamètre, pour que leur temps de cuisson soit identique. Pour 4 personnes.

INGRÉDIENTS

1 kg de poireaux moyens
30 g de beurre
2 cuillerées à soupe de persil plat haché
noix muscade fraîchement râpée
sel et poivre du moulin

PRÉPARATION

1 Épluchez les poireaux et lavez-les à grande eau.
2 Versez 1 cm d'eau bouillante dans une grande casserole et jetez-y les poireaux. Couvrez et laissez cuire de 7 à 10 minutes, jusqu'à ce que les légumes soient tendres. Égouttez. Dressez sur un plat long.
3 Ajoutez le beurre, le persil et la noix muscade. Salez et poivrez, mélangez soigneusement et servez aussitôt.

PURÉE DE CÉLERI

Cette savoureuse purée doit être généreusement assaisonnée de sel et de poivre. On peut n'utiliser que du céleri, mais les pommes de terre apportent onctuosité et consistance. Pour 4 personnes.

INGRÉDIENTS

500 g de céleri
250 g de pommes de terre
15 g de beurre
un peu de lait ou de crème fraîche
sel et poivre au moulin

PRÉPARATION

1 Pelez le céleri et les pommes de terre, en utilisant de préférence un couteau aiguisé pour le premier, et un économe pour les secondes. Coupez les légumes en gros morceaux, placez-les dans une casserole et recouvrez-les d'eau bouillante. Laissez mijoter, à couvert, de 15 à 20 minutes, jusqu'à ce que les légumes soient tendres.
2 Égouttez et conservez l'eau de cuisson pour en faire un bouillon. Ajoutez le beurre et passez les légumes au presse-purée. Versez le lait ou la crème fraîche et assaisonnez selon votre goût. Servez immédiatement ou conservez au chaud au bain-marie.

ÉPINARDS MUSCADÉS

Si vous trouvez sur le marché des épinards très tendres, ils seront encore meilleurs macérés dans l'huile d'olive, conservant ainsi leur couleur et leur saveur. Pour 4 personnes.

INGRÉDIENTS

750 g de feuilles de jeunes épinards
2 cuillerées à soupe d'huile d'olive
noix muscade fraîchement râpée
sel et poivre au moulin

PRÉPARATION

1 Lavez les épinards à l'eau froide dans plusieurs bains successifs et égouttez-les dans une passoire.
2 Faites chauffer, à feu vif, 1 cuillerée à soupe d'huile d'olive dans une grande casserole. Mettez la moitié des épinards et faites-les revenir pendant 1 ou 2 minutes, jusqu'à ce qu'ils fondent. Versez-les dans un saladier chaud. Répétez l'opération avec le reste d'huile et l'autre moitié d'épinards.
3 Assaisonnez avec la noix muscade, le sel et le poivre, mélangez soigneusement et servez immédiatement.

*Rubans de carottes
et de courgettes au
pistou (page 82)*

*Pommes de terre
à l'indienne
(page 86)*

*Chou rouge aux épices
et aux pommes
(page 87)*

GOMBOS AUX ÉPICES

*Les gombos sont des légumes tropicaux
dont la saveur et la texture particulières
s'associent parfaitement avec diverses épices.
Pour 4 personnes.*

INGRÉDIENTS

*2 cuillerées à soupe d'huile d'arachide
ou de tournesol
1 oignon moyen pelé et haché
2 gousses d'ail pelées et hachées
2 cuillerées à café de cumin en poudre
2 cuillerées à café de coriandre en poudre
500 g de gombos équeutés
et émincés
400 g de tomates en boîte entières,
écrasées, avec leur jus
sel et poivre au moulin
2 à 4 cuillerées à soupe de coriandre fraîche*

PRÉPARATION

1 Faites chauffer l'huile dans une casserole à feu
modéré, ajoutez-y l'oignon, couvrez et laissez-le
prendre couleur, pendant 5 minutes.
2 Mettez l'ail, le cumin et la coriandre, et faites
revenir pendant 2 minutes, en tournant de temps
à autre.
3 Ajoutez les gombos et faites cuire 2 minutes
en continuant à remuer.
4 Versez les tomates écrasées avec leur jus, et
laissez la cuisson se poursuivre, à découvert,
15 à 20 minutes, jusqu'à ce que les gombos
soient parfaitement tendres et que le jus des
tomates se soit évaporé. La préparation doit
être épaisse.
5 Salez et poivrez selon votre goût, et servez
saupoudré de coriandre hachée.

POMMES DE TERRE À L'INDIENNE

*Ces pommes de terre dorées peuvent accompagner
des plats auxquels vous voulez apporter une note
épicée. Pour 4 personnes.*

INGRÉDIENTS

*2 cuillerées à soupe d'huile d'arachide
ou de tournesol
1 oignon moyen pelé et haché
2 gousses d'ail pelées et hachées
2 cuillerées à café de cumin en poudre
2 cuillerées à café de coriandre en poudre
1 pincée de safran
1 pincée de poivre de Cayenne
750 g de pommes de terre pelées
et coupées en dés de 1 cm
1 cuillerée à café de curry en poudre
sel et poivre au moulin
2 à 4 cuillerées à soupe de coriandre fraîche*

PRÉPARATION

1 Faites chauffer l'huile dans une casserole, à feu
modéré, ajoutez-y l'oignon, couvrez et laissez
revenir 5 minutes.
2 Mettez l'ail, le cumin, la coriandre, le safran et
le poivre de Cayenne, et faites cuire 2 minutes,
en remuant régulièrement.
3 Incorporez les pommes de terre et mélangez,
de manière à les enrober du mélange d'épices.
Ajoutez 1 cuillerée à café de sel et versez 15 cl
d'eau; portez à ébullition, couvrez et laissez cuire
doucement de 10 à 15 minutes, jusqu'à ce que les
pommes de terre soient tendres et que toute l'eau
se soit évaporée.
4 Mettez le curry et mélangez. Goûtez et rectifiez
l'assaisonnement. Servez chaud ou froid,
saupoudré de coriandre hachée.

CHOU ROUGE AUX ÉPICES ET AUX POMMES

Une pointe d'épices rehausse la saveur acidulée du chou et celle, douceâtre, des pommes. Ce plat accompagnera des pommes de terre au four servies avec de la crème fraîche et de la ciboulette.
Pour 4 personnes.

INGRÉDIENTS

30 g de beurre
1 cuillerée à soupe d'huile d'arachide ou de tournesol
1 gros oignon pelé et haché
350 g de pommes reinettes pelées, épépinées et émincées
750 g de chou rouge, cœur ôté et feuilles coupées en lanières
1 pincée de clous de girofle
1 cuillerée à café de cannelle en poudre
60 g de raisins de Smyrne ou de raisins secs
1 cuillerée à soupe de sucre brun
1 cuillerée à soupe de vinaigre de vin rouge
sel et poivre au moulin

PRÉPARATION

1 Faites chauffer le beurre et l'huile dans une grande casserole, à feu modéré, ajoutez-y l'oignon, couvrez et faites revenir 5 minutes.
2 Incorporez les pommes, mélangez, couvrez et laissez cuire de 2 à 3 minutes.
3 Mettez le chou et versez 45 cl d'eau. Incorporez, en remuant, les clous de girofle, la cannelle, les raisins, le sucre et le vinaigre. Baissez le feu, couvrez et laissez mijoter environ 1 heure, jusqu'à ce que le chou soit très tendre.
4 Salez, poivrez et servez de suite ou, plus tard, réchauffé.

POMMES DE TERRE GRILLÉES À L'AIL ET AU ROMARIN

Voici une excellente manière de préparer les grosses pommes de terre que l'on trouve à la fin de l'été. Les pommes de terre nouvelles peuvent très bien se consommer avec leur peau.
Pour 4 personnes.

INGRÉDIENTS

750 g de pommes de terre lavées et brossées
huile d'olive pour badigeonner les pommes de terre
4 gousses d'ail pelées
3 ou 4 brindilles de romarin
sel de mer et poivre au moulin

PRÉPARATION

1 Coupez les pommes de terre en morceaux de même taille, mettez-les dans une casserole et couvrez d'eau. Portez à ébullition et laissez cuire jusqu'à ce qu'elles soient tendres sous la pointe d'un couteau. Égouttez-les et laissez refroidir. Ôtez la peau si vous le désirez. Coupez les pommes de terre en tranches de 6 mm d'épaisseur.
2 Préchauffez le gril du four à température maximale.
3 Disposez les pommes de terre en une seule couche sur une plaque huilée ou dans la lèche-fruite, et badigeonnez-les d'huile d'olive. Laissez-les sous le gril jusqu'à ce qu'elles deviennent dorées et croustillantes des deux côtés, après les avoir retournées.
4 Hachez grossièrement l'ail et le romarin. Saupoudrez-en les pommes de terre quelques minutes avant la fin de la cuisson. Si vous mettez les aromates trop tôt, ils risquent de brûler.
5 Salez, poivrez et servez immédiatement.

LES PÂTES

D'une infinie diversité, les pâtes peuvent être accommodées de multiples façons, plus savoureuses les unes que les autres. Servies avec l'une des sauces dont vous trouverez ici la recette, elles peuvent être présentées en entrée ou constituer un repas complet, réalisable en quelques minutes. Un plat de lasagne aux épinards, à la tomate et à la mozzarella, gratinées au four, conviendra parfaitement à un dîner entre amis. Il demande un peu de temps, mais peut se préparer à l'avance.

NOUILLES À LA CRÈME ET AUX FINES HERBES

Pour 4 personnes.

INGRÉDIENTS

15 g de beurre
1 échalote ou 1 petit oignon hachés
400 g de crème fraîche allégée
sel et poivre au moulin
500 g de nouilles
1 cuillerée à soupe d'huile d'olive
2 à 4 cuillerées de fines herbes fraîches
(persil, ciboulette, cerfeuil) hachées
parmesan fraîchement râpé (facultatif)

PRÉPARATION

1 Mettez 4 l d'eau salée à chauffer sur feu vif dans une grande marmite, pour la cuisson des pâtes.
2 Dans une casserole de taille moyenne, faites fondre le beurre à feu moyen, ajoutez l'échalote ou l'oignon et laissez cuire à couvert pendant 4 minutes environ.
3 Incorporez la crème fraîche, portez à ébullition en tournant, de 2 à 3 minutes, jusqu'à ce que le mélange devienne épais et onctueux. Salez et poivrez. Maintenez au chaud.
4 Lorsque l'eau bout à gros bouillons, jetez-y les nouilles. Ramenez à ébullition, remuez rapidement les pâtes et laissez bouillir jusqu'à ce qu'elles soient al dente, c'est-à-dire encore légèrement fermes sous la dent. Goûtez pour arrêter à temps la cuisson.
5 Égouttez les nouilles et remettez-les dans la marmite chaude, avec l'huile d'olive. Poivrez généreusement. Remuez pour bien les imprégner d'huile.
6 Versez la sauce sur les pâtes et parsemez de fines herbes hachées. Mélangez pour répartir uniformément la sauce et servez aussitôt, avec du parmesan râpé, pour les amateurs.

FARFALLE AUX BROCOLIS ET À LA CRÈME

Pour 4 personnes.

INGRÉDIENTS

15 g de beurre
1 échalote ou 1 petit oignon hachés
400 g de crème fraîche allégée
sel et poivre au moulin
125 g de bouquets de brocolis
500 g de farfalle
1 cuillerée à soupe d'huile d'olive
parmesan fraîchement râpé (facultatif)

PRÉPARATION

1 Mettez 4 l d'eau salée à chauffer sur feu vif dans une grande marmite, pour la cuisson des pâtes.
2 Faites fondre le beurre, ajoutez l'échalote ou l'oignon et laissez cuire à couvert pendant 4 minutes environ.
3 Versez la crème fraîche, portez à ébullition en tournant, pendant 2 à 3 minutes. Salez et poivrez.
4 Mettez les brocolis dans une petite casserole, recouvrez-les d'eau bouillante et faites cuire de 2 à 3 minutes. Lorsque les brocolis sont juste tendres, incorporez-les à la sauce après les avoir bien égouttés.
5 Pour la cuisson et la présentation des pâtes, procédez selon les points 4 à 6 de la recette des nouilles à la crème et aux fines herbes.

TAGLIATELLE AUX CHAMPIGNONS ET À LA CRÈME

Pour 4 personnes.

INGRÉDIENTS

15 g de beurre
1 échalote ou 1 petit oignon hachés
125 g de champignons de Paris émincés
400 g de crème fraîche allégée
sel et poivre noir au moulin
500 g de tagliatelle
1 cuillerée à soupe d'huile d'olive
parmesan fraîchement râpé (facultatif)

PRÉPARATION

1 Mettez 4 l d'eau salée à chauffer sur feu vif dans une grande marmite, pour la cuisson des pâtes.
2 Dans une casserole de taille moyenne, faites fondre le beurre à feu moyen, ajoutez l'échalote ou l'oignon et laissez cuire à couvert pendant 2 minutes. Incorporez les champignons et prolongez la cuisson de 2 minutes environ, pour qu'ils soient tendres.
3 Versez la crème fraîche, portez à ébullition en tournant, de 2 à 3 minutes, jusqu'à ce que le mélange devienne épais et onctueux. Salez et poivrez. Maintenez au chaud.
4 Pour la cuisson et la présentation des pâtes, procédez selon les points 4 à 6 de la recette des nouilles à la crème et aux fines herbes (page 88), en supprimant les fines herbes.

SPAGHETTI À LA SAUCE AU BLEU

Pour 4 personnes.

INGRÉDIENTS

15 g de beurre
1 échalote ou 1 petit oignon hachés
400 g de crème fraîche allégée
sel et poivre au moulin
500 g de spaghetti
1 cuillerée à soupe d'huile d'olive
125 g de gorgonzola ou de bleu d'Auvergne émietté
parmesan fraîchement râpé (facultatif)

PRÉPARATION

1 Procédez selon les points 1 à 5 de la préparation des nouilles à la crème et aux fines herbes (page 88).
2 Versez la crème sur les pâtes, avec le fromage. Mélangez le tout pour répartir la sauce et servez de suite avec, le cas échéant, du parmesan râpé.

LASAGNE AUX ÉPINARDS, À LA TOMATE ET À LA MOZZARELLA

Un plat de lasagne, accompagné d'une belle salade verte et d'un bon pain, fera le régal de vos invités. Les lasagne sont assez délicates à préparer, mais les deux sauces qui les garnissent — la sauce tomate et la béchamel — sont simples. Ce plat a l'avantage de pouvoir être préparé à l'avance et conservé au frais jusqu'au moment de la cuisson. Pour 4 personnes.

INGRÉDIENTS

15 g de beurre
200 g d'épinards en branches surgelés ou frais
sel et poivre noir au moulin
250 g de lasagne
sauce tomate des quatre saisons (page 121)
préparée à l'avance
150 g de mozzarella coupée en tranches fines
150 g de crème fraîche liquide
sauce Béchamel (page 148) préparée à l'avance
30 à 60 g de parmesan fraîchement râpé

PRÉPARATION

1 Préchauffez le four à 180 °C (thermostat 4), à moins que vous ne prépariez vos lasagne à l'avance.
2 Faites fondre le beurre sur feu moyen dans une grande casserole, mettez-y les épinards et faites cuire 7 minutes s'ils sont frais, 2 à 3 minutes s'ils sont surgelés. Égouttez-les bien et essorez-les pour en retirer toute l'eau. Salez et poivrez.
3 Dans une grande marmite, portez à ébullition 4 l d'eau. Plongez plusieurs feuilles de pâte dans l'eau bouillante et laissez-les cuire quelques secondes. Retirez-les avec une écumoire et posez-les sur le bord d'une passoire pour éviter qu'elles ne collent les unes aux autres.
4 Graissez un plat rectangulaire allant au four, d'environ 24 x 32 cm et de 7,5 cm de profondeur. Garnissez le fond de lasagne et constituez des couches, en ajoutant successivement la moitié de la sauce tomate, tous les épinards, d'autres lasagne, le reste de la sauce tomate, toute la mozzarella, et enfin le reste des lasagne.
5 Incorporez la crème à la béchamel et versez la préparation, en mélangeant, sur les lasagne. Parsemez de parmesan râpé.

À ce stade de la préparation, vous pouvez mettre le plat de lasagne au réfrigérateur ou dans un endroit frais jusqu'au moment de la cuisson.

6 Faites cuire les lasagne de 40 à 50 minutes au four, jusqu'à ce que le dessus soit d'un beau brun doré. Servez de suite.

SPAGHETTI À LA SAUCE DE TOMATES FRAÎCHES

C'est l'une des recettes les plus simples qui soit, et pourtant rien ne vaut cette alliance parfaite entre des pâtes cuites al dente et une sauce de tomates fraîches. Vous êtes libre d'y apporter des variantes en ajoutant les ingrédients de votre choix. Les tomates fraîches peuvent être remplacées par deux boîtes de tomates pelées : dans ce cas, faites cuire à découvert jusqu'à évaporation du liquide, de façon à obtenir une sauce épaisse. Pour 4 personnes.

INGRÉDIENTS

*3 cuillerées à soupe d'huile d'olive
1 gros oignon pelé et haché
2 gousses d'ail pelées et hachées
1 kg de tomates fraîches, pelées
et grossièrement concassées
sel et poivre au moulin
500 g de spaghetti
parmesan fraîchement râpé (facultatif)
quelques feuilles de basilic frais pour la garniture*

PRÉPARATION

1 Mettez 4 l d'eau salée à chauffer sur feu vif dans une grande marmite, pour la cuisson des pâtes.
2 Dans une casserole, faites chauffer 2 cuillerées à soupe d'huile d'olive à feu moyen, mettez-y l'oignon et laissez cuire 5 minutes à couvert. Ajoutez l'ail et prolongez la cuisson de 2 minutes.
3 Baissez le feu, incorporez les tomates, couvrez à nouveau et laissez réduire de 10 à 15 minutes. Salez et poivrez. Maintenez au chaud.
4 Lorsque l'eau atteint l'ébullition, plongez-y les pâtes. Ramenez à ébullition, remuez rapidement et faites bouillir jusqu'à ce que les spaghetti soient al dente, c'est-à-dire encore légèrement fermes. Goûtez pour arrêter à temps la cuisson.
5 Égouttez bien les pâtes et remettez-les dans la marmite chaude avec l'huile d'olive restante. Salez et poivrez généreusement. Mélangez de manière à bien les imprégner d'huile.
6 Versez la sauce sur les spaghetti. Garnissez de feuilles de basilic et servez aussitôt, accompagné de parmesan râpé, selon le goût.

PENNE ARRABBIATA

Cette sauce tomate additionnée de piment donne aux pâtes un goût relevé. Aussi simple à réaliser que le précédent, ce plat ne demande guère plus de temps : 20 minutes de préparation et de cuisson. Pour 4 personnes.

INGRÉDIENTS

*3 cuillerées à soupe d'huile d'olive
1 gros oignon pelé et haché
2 gousses d'ail pelées et hachées
1 piment vert, frais, épépiné et finement haché
2 x 400 g de tomates pelées en boîte,
grossièrement hachées, avec leur jus
sel et poivre au moulin
500 g de penne (macaroni coupés en biseau)
ou d'autres grosses pâtes tubulaires
parmesan fraîchement râpé (facultatif)
quelques feuilles de basilic frais pour la garniture*

PRÉPARATION

1 Mettez 4 l d'eau salée à chauffer sur feu vif dans une grande marmite, pour la cuisson des pâtes.
2 Dans une casserole, faites chauffer 2 cuillerées à soupe d'huile d'olive sur feu moyen, ajoutez l'oignon et laissez cuire 5 minutes à couvert. Mettez l'ail et le piment, et prolongez la cuisson de 2 minutes.
3 Versez les tomates avec leur jus et laissez cuire à découvert de 10 à 15 minutes, jusqu'à ce qu'une bonne partie du jus se soit évaporée et que la sauce ait réduit. Poivrez et salez à votre convenance.
4 Lorsque l'eau bout à gros bouillons, plongez-y les penne. Ramenez à ébullition, remuez rapidement les pâtes et laissez bouillir jusqu'à ce qu'elles soient al dente, c'est-à-dire encore légèrement fermes. Goûtez pour arrêter à temps la cuisson.
5 Égouttez les pennes, remettez-les dans la marmite chaude avec le restant d'huile d'olive. Salez et poivrez. Remuez de manière à bien les imprégner d'huile.
6 Versez la sauce sur les pâtes et mélangez pour la répartir. Garnissez de quelques feuilles de basilic frais et servez immédiatement, accompagné, selon votre goût, de parmesan frais.

RIGATONI AUX TOMATES, À L'AUBERGINE ET AUX POIVRONS ROUGES

Cette sauce mijotée, très onctueuse, s'harmonise aussi bien avec de grosses pâtes tubulaires, telles que les rigatoni ou les macaroni, qu'avec des pâtes longues comme les spaghetti. Ce plat s'accompagnera d'une salade verte et d'un verre de vin rouge. Pour 4 personnes.

INGRÉDIENTS

3 cuillerées à soupe d'huile d'olive
1 gros oignon pelé et haché
1 aubergine de taille moyenne coupée en petits dés
1 poivron rouge épépiné, débarrassé de ses parties blanches et coupé en petits dés
1 gousse d'ail pelée et hachée
2 x 400 g de tomates pelées en boîte, grossièrement écrasées, avec leur jus
sel et poivre noir au moulin
500 g de rigatoni ou de gros macaroni
parmesan fraîchement râpé (facultatif)
quelques feuilles de basilic frais pour la garniture

PRÉPARATION

1 Dans une casserole, faites chauffer 2 cuillerées à soupe d'huile d'olive sur feu moyen, mettez-y l'oignon et laissez cuire 5 minutes à couvert. Ajoutez l'aubergine, le poivron et l'ail, couvrez et prolongez la cuisson de 5 minutes, en remuant de temps en temps.

2 Versez les tomates avec leur jus, baissez le feu, laissez réduire à découvert de 20 à 25 minutes, jusqu'à ce que la sauce épaississe et prenne la consistance d'une purée. Salez et poivrez à votre convenance. Maintenez au chaud.

3 Dans une marmite, faites chauffer 4 l d'eau. Lorsque l'eau est à ébullition, jetez-y les pâtes, remuez rapidement et laissez cuire jusqu'à ce qu'elles soient al dente, c'est-à-dire encore légèrement fermes. Goûtez pour arrêter la cuisson.

4 Égouttez les rigatoni et remettez-les dans la marmite chaude avec l'huile d'olive restante. Salez et poivrez. Remuez soigneusement.

5 Versez la sauce sur les pâtes et remuez à nouveau. Garnissez de quelques feuilles de basilic et servez aussitôt, accompagné de parmesan râpé.

ŒUFS ET FROMAGE

Les œufs et le fromage, éléments indispensables de la cuisine au naturel, permettent de mitonner nombre de petits plats, onctueux et parfumés à souhait : du soufflé le plus léger aux roulades multicolores, ou tout simplement l'omelette moelleuse et dorée.

FONDUE AU FROMAGE

Cette recette permet de réaliser en un minimum de temps un plat unique autour duquel se réuniront vos invités. C'est une excellente manière d'organiser un repas convivial.
Pour 4 personnes.

INGRÉDIENTS

1 gousse d'ail pelée et coupée en deux
30 cl de vin blanc sec
250 g d'emmental râpé
250 g de comté râpé
1 cuillerée à soupe de fécule
ou de Maïzena
2 cuillerées à café de kirsch
noix muscade fraîchement râpée
sel et poivre au moulin
1 baguette coupée en dés,
passés au gril

PRÉPARATION

1 Frottez le fond et les parois d'un caquelon avec la gousse d'ail. Versez le vin, ajoutez les deux fromages et mettez sur feu moyen. Faites fondre le fromage, en remuant tout doucement avec une cuillère en bois, et portez à petite ébullition, puis retirez le caquelon du feu.
2 Délayez la fécule ou la Maïzena avec le kirsch et versez-la sur la préparation aux fromages. Reportez le caquelon sur le feu et mélangez toujours, jusqu'à ce que la fondue épaississe et nappe le dos d'une cuillère. Salez, poivrez et ajoutez la noix muscade.
3 Placez le réchaud au centre de la table et posez-y le caquelon. Servez la fondue avec les dés de pain grillés et piqués au bout d'une fourchette que chacun plongera dans la fondue. En fin de repas se formera une délicieuse croûte dorée que vous pourrez gratter.

SOUFFLÉ AUX ÉPINARDS

Le mélange de base du soufflé peut être agrémenté de divers ingrédients.
Pour 3 ou 4 personnes.

INGRÉDIENTS

60 g de beurre, plus 1 noix pour graisser le plat
400 g d'épinards hachés surgelés ou d'épinards frais
45 g de farine
30 cl de lait
5 œufs (4 jaunes et 5 blancs)
45 g de parmesan fraîchement râpé (facultatif)
noix muscade fraîchement râpée
sel et poivre au moulin

PRÉPARATION

1 Sur feu moyen, faites fondre 15 g de beurre dans une grande casserole et jetez-y les épinards. Laissez-les cuire de 4 à 5 minutes, s'il s'agit d'épinards surgelés, et 7 minutes s'ils sont frais. Égouttez-les soigneusement, pressez-les bien et hachez-les.
2 Faites fondre le reste du beurre et jetez-y la farine, mélangez et versez le lait, peu à peu, comme pour faire une béchamel (page 148). Laissez refroidir à température ambiante.
3 Ajoutez, un à un, les jaunes d'œufs, puis les épinards, et éventuellement le parmesan. Salez, poivrez et muscadez.

 Vous pouvez préparer cette recette à l'avance jusqu'à ce point. La préparation aux épinards et les blancs d'œufs peuvent se conserver, couverts, plusieurs heures au réfrigérateur.

4 Préchauffez le four à 200 °C (thermostat 6). Beurrez largement un moule à soufflé de 1,5 l et tapissez-le d'une feuille de papier sulfurisé, en laissant dépasser au moins 5 cm de papier sur les bords.
5 Pour finir de préparer ce soufflé et le faire cuire, reportez-vous aux phases 4 à 6 de la page 26.

SOUFFLÉS AU FROMAGE DE CHÈVRE ET AU THYM

*Pour 6 personnes en entrée,
ou pour 3 en plat principal.*

INGRÉDIENTS

*60 g de beurre
45 g de farine
30 cl de lait
5 œufs (4 jaunes et 5 blancs)
125 g de fromage de chèvre (en bûche, de préférence)
coupé en tranches de 6 mm d'épaisseur
sel et poivre au moulin
beurre et parmesan pour les ramequins
30 cl de crème fraîche liquide (facultatif)
60 g de chapelure
2 cuillerées à café de thym frais émietté*

PRÉPARATION

1 Faites fondre le beurre dans une casserole, jetez-y la farine, mélangez et versez le lait, peu à peu, comme pour une béchamel (page 148). Laissez refroidir.

2 Ajoutez, un à un, les jaunes d'œufs, puis le fromage de chèvre, du sel et du poivre.

3 Préchauffez le four à 200 °C (thermostat 6). Beurrez des ramequins et saupoudrez de parmesan.

4 Dans un saladier, battez les blancs d'œufs en neige pas trop ferme. Prélevez-en 2 cuillerées à soupe et mélangez-les à la préparation au fromage, puis incorporez délicatement le reste, en soulevant la masse avec une cuillère. Versez dans les ramequins.

5 Disposez les ramequins dans un bain-marie (voir page 147) et enfournez-les. Baissez la température à 190 °C (thermostat 5). Faites cuire les soufflés de 15 à 20 minutes, jusqu'à ce qu'ils montent et que la lame d'un couteau ressorte sèche. Retirez-les du four et laissez-les refroidir dans leur récipient de cuisson; ils vont s'affaisser un peu.

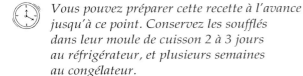 *Vous pouvez préparer cette recette à l'avance jusqu'à ce point. Conservez les soufflés dans leur moule de cuisson 2 à 3 jours au réfrigérateur, et plusieurs semaines au congélateur.*

6 Préchauffez le four à 220 °C (thermostat 7). Retournez les soufflés d'un coup sec et disposez-les sur un plat antiadhésif peu profond.

7 Faites couler la crème fraîche, éventuellement, sur les soufflés et tout autour. Mélangez la chapelure et le thym et saupoudrez-en les soufflés. Enfournez et faites cuire 15 minutes, jusqu'à ce que les soufflés deviennent dorés, qu'ils gonflent et qu'ils soient bien chauds à l'intérieur. Servez dès la sortie du four.

SOUFFLÉS AUX CHAMPIGNONS

*Pour 6 personnes en entrée,
ou pour 3 en plat principal.*

INGRÉDIENTS

*60 g de beurre
125 g de champignons de Paris émincés
45 g de farine
30 cl de lait
5 œufs (4 jaunes et 5 blancs)
3 cuillerées à soupe d'herbes fraîches hachées
(persil, origan, ciboulette et thym)
60 g de gruyère râpé
sel et poivre au moulin
beurre et parmesan pour les ramequins
30 cl de crème fraîche liquide (facultatif)
30 g de parmesan fraîchement râpé (facultatif)*

PRÉPARATION

1 Faites fondre le beurre dans une casserole, sur feu modéré, mettez les champignons et laissez-les cuire à couvert pendant 2 à 3 minutes.

2 Ajoutez la farine, mélangez et versez le lait, peu à peu, comme pour une béchamel (page 148). Laissez refroidir à température ambiante.

3 Ajoutez, un à un, les jaunes d'œufs, les herbes, la moitié du gruyère, du sel et du poivre.

4 Préchauffez le four à 200 °C (thermostat 6). Beurrez des ramequins et saupoudrez de parmesan.

5 Battez les blancs d'œufs en neige pas trop ferme. Prélevez-en 2 cuillerées à soupe et mélangez-les à la préparation aux champignons, puis incorporez délicatement le reste. Versez dans les ramequins.

6 Disposez les ramequins dans un bain-marie (voir page 147) et enfournez-les. Baissez la température à 190 °C (thermostat 5). Faites cuire les soufflés de 15 à 20 minutes, jusqu'à ce qu'ils montent et que la lame d'un couteau ressorte sèche. Retirez-les du four et laissez-les refroidir dans leur récipient de cuisson; ils vont s'affaisser un peu.

Vous pouvez préparer cette recette à l'avance jusqu'à ce point. Conservez les soufflés dans leur moule de cuisson pendant 2 à 3 jours au réfrigérateur, et plusieurs semaines au congélateur.

7 Préchauffez le four à 220 °C (thermostat 7). Retournez les soufflés d'un coup sec et disposez-les sur un plat antiadhésif peu profond.

8 Faites couler la crème fraîche, éventuellement, sur les soufflés et tout autour, saupoudrez du reste de gruyère et, le cas échéant, de parmesan. Enfournez et faites cuire 15 minutes, jusqu'à ce que les soufflés soient gonflés et dorés. Servez dès la sortie du four.

ROULADE DE BASE AU FROMAGE

*La roulade illustrée page ci-contre est réalisée
à partir de cette base. Quelques variantes
sont présentées pages 36-37. Pour 6 personnes
en entrée, ou pour 3 en plat principal.*

INGRÉDIENTS

*beurre et parmesan pour le moule
60 g de fromage blanc non battu (cottage)
15 cl de crème fraîche liquide
4 œufs, jaunes et blancs séparés
200 g de fromage à pâte dure (gruyère, cheddar...) râpé
3 cuillerées à soupe d'herbes fraîches :
thym, origan, persil... (facultatif)
sel et poivre au moulin
parmesan fraîchement râpé pour la garniture
(facultatif)*

PRÉPARATION

1 Préchauffez le four à 200 °C (thermostat 6).
Tapissez un grand moule rectangulaire de
22 x 32 cm de papier sulfurisé et enduisez-le
de beurre, puis saupoudrez de parmesan.
2 Mettez le fromage blanc et la crème fraîche dans
un grand saladier, et mélangez jusqu'à obtention
d'une consistance crémeuse. Battez les jaunes
d'œufs, un à un, dans cette pâte, puis ajoutez le
fromage râpé et éventuellement les herbes, salez
et poivrez.
3 Dans un saladier, battez les blancs d'œufs en neige
pas trop ferme. Ajoutez-les délicatement à la
préparation au fromage, avec une cuillère, puis
versez dans le moule. Enfournez et laissez cuire
pendant 12 à 15 minutes, jusqu'à ce que la pâte
monte et devienne moyennement ferme à l'intérieur.
4 Étalez une feuille de papier sulfurisé de la taille
de la roulade et saupoudrez-la de parmesan.
Sortez la roulade du four et retournez-la d'un
coup sec sur la feuille de papier. Ôtez délicatement
le papier sulfurisé.
5 Laissez refroidir la roulade et enroulez-la comme
indiqué page ci-contre, en haut. Saupoudrez-la
éventuellement de parmesan; elle peut être servie
froide ou réchauffée. Certaines roulades
demandent à être réfrigérées avant d'être servies
(c'est le cas de celle qui est présentée page ci-contre).

 *Les roulades peuvent être préparées à
l'avance et rechauffées. Enveloppez-les dans
du papier sulfurisé et faites-les réchauffer
dans le four préchauffé à 160 °C
(thermostat 3), pendant 15 minutes.*

— Garnitures pour les roulades —

GRUYÈRE ET POIVRONS ROUGES

INGRÉDIENTS

*roulade de base, sans les herbes
4 beaux poivrons rouges coupés en quatre
125 g de fromage blanc non battu (cottage)*

PRÉPARATION

1 Faites griller les poivrons (voir page 144),
et retirez-en les pépins et les parties blanches.
2 Diluez le fromage blanc dans 3 cl d'eau. Étalez
cette préparation sur la roulade de base, couvrez-
la de poivrons et enroulez-la. Servez avec une
sauce aux herbes (page 123).

CHEDDAR ET CHAMPIGNONS

INGRÉDIENTS

*roulade de base
30 g de beurre
600 g de champignons finement émincés
2 gousses d'ail pelées et finement hachées
sel et poivre au moulin*

PRÉPARATION

1 Faites fondre le beurre dans une casserole sur
feu doux, ajoutez les champignons et l'ail, et
laissez cuire 12 à 15 minutes. Salez et poivrez.
2 Recouvrez la roulade de base de la garniture aux
champignons, enroulez-la et servez-la avec une
sauce au vin rouge (page 121).

GRUYÈRE ET ROQUETTE

INGRÉDIENTS

*roulade de base
2 petits avocats bien mûrs
2 cuillerées à soupe de jus de citron
30 g de roquette coupée en lanières*

PRÉPARATION

1 Recouvrez la roulade de base sortie du four d'un
linge humide et laissez-la refroidir.
2 Écrasez la chair des avocats avec le jus de citron
et étalez cette préparation sur la roulade.
3 Répartissez la roquette et enroulez comme indiqué
page ci-contre. Placez la roulade au réfrigérateur
au moins 1 heure, et servez-la avec une sauce aux
tomates fraîches (page 121).

ENROULER UNE ROULADE AU GRUYÈRE ET AUX POIVRONS ROUGES

1 *Étalez le fromage blanc sur la roulade de base, en laissant 1 cm de libre sur les bords pour l'enrouler plus facilement.*

2 *Couvrez-la de poivrons rouges, puis enroulez-la sur elle-même en commençant par le côté le plus étroit. Pour vous simplifier la tâche, décollez le papier au fur et à mesure.*

3 *Posez la roulade, jointure en dessous, pour la maintenir enroulée, coupez-en les extrémités et saupoudrez-la éventuellement de parmesan fraîchement râpé.*

Roulade au gruyère et aux poivrons rouges, servie avec une sauce aux herbes

95

ROULADE AUX NOIX DE CAJOU ET AUX BROCOLIS

Cette roulade peut être la pièce maîtresse d'un repas de fête. Voir l'illustration page 37. Pour 6 personnes en entrée, ou pour 4 en plat principal.

INGRÉDIENTS

4 œufs extra-frais
sel et poivre au moulin
200 g de noix de cajou grillées non salées
2 gousses d'ail

GARNITURE

1 dose de sauce hollandaise (page 123)
500 g de brocolis nettoyés et coupés en petits bouquets
sel et poivre au moulin

PRÉPARATION

1 Préchauffez le four à 200 °C (thermostat 6). Tapissez un moule de 22 cm x 32 cm de papier sulfurisé.

2 Cassez les œufs dans un grand bol, salez, poivrez et battez-les jusqu'à ce qu'ils épaississent : quelques minutes avec un batteur électrique, de 5 à 10 minutes à la main.

3 Placez les noix de cajou et les gousses d'ail dans un robot électrique, et actionnez l'appareil pour les hacher finement, sans les réduire en purée.

4 Incorporez les deux tiers de ce hachis aux œufs et versez la préparation dans le moule. Lissez bien la surface pour répartir la masse vers les bords du moule et enfournez pour 6 à 8 minutes, le temps que la roulade se raffermisse, mais soit onctueuse à l'intérieur.

5 Étalez une feuille de papier sulfurisé de la taille de la roulade et saupoudrez-la du reste de noix de cajou et de l'ail. Sortez la roulade du four et retournez-la sur le papier sulfurisé. Ôtez délicatement le papier qui a servi à la cuisson.

6 Préparez la sauce hollandaise.

7 Mettez les brocolis dans une casserole et recouvrez-les à hauteur d'eau bouillante. Couvrez et laissez cuire pendant 3 minutes; les brocolis vont s'attendrir tout en restant bien verts. Égouttez-les.

8 Étalez délicatement un peu de sauce hollandaise sur la roulade, puis recouvrez-la de la même épaisseur de brocolis. Enroulez-la en partant du côté le plus étroit (voir page 95).

9 Servez de suite, avec le reste de la sauce hollandaise.

ROULADE AUX ÉPINARDS, AU FROMAGE ET AU POIVRON

Cette roulade peut être préparée à l'avance et être réchauffée au dernier moment (voir page 94). Voir l'illustration page 36. Pour 6 personnes en entrée, et pour 4 en plat principal.

INGRÉDIENTS

500 g de jeunes épinards
15 g de beurre
4 œufs, blancs et jaunes séparés
noix muscade fraîchement râpée
sel et poivre au moulin
4 cuillerées à soupe de parmesan râpé

GARNITURE

1 beau poivron rouge coupé en quatre
250 g de fromage frais (ricotta)
un peu de lait

PRÉPARATION

1 Préchauffez le four à 200 °C (thermostat 6). Tapissez un moule de 22 x 32 cm de papier sulfurisé, en relevant les bords du papier de chaque côté du moule.

2 Lavez les épinards et mettez-les dans une casserole, avec juste assez d'eau pour les couvrir. Laissez-les cuire sur feu doux 7 à 10 minutes. Égouttez-les.

3 Placez les épinards, le beurre et les jaunes d'œufs dans le bol d'un robot électrique et actionnez l'appareil jusqu'à ce que le mélange devienne onctueux. Versez-le dans un grand bol, salez, poivrez et muscadez; mélangez bien.

4 Dans un saladier, battez les blancs d'œufs en neige pas trop ferme. Incorporez-les dans le mélange aux épinards avec une cuillère, puis versez la préparation dans le moule; lissez bien la surface.

5 Saupoudrez 2 cuillerées à soupe de parmesan. Enfournez pour 12 à 15 minutes.

6 Étalez une feuille de papier sulfurisé de la taille de la roulade et saupoudrez-la avec le reste du parmesan. Sortez la roulade du four et retournez-la sur le papier sulfurisé. Ôtez délicatement le papier qui a servi à la cuisson.

7 Faites griller et pelez le poivron (voir page 144); retirez les pépins et les parties blanches, et coupez la chair en lanières.

8 Battez le fromage avec un peu de lait pour le diluer et tartinez-en la roulade. Disposez les lanières de poivron sur le dessus, puis enroulez la roulade en partant du côté le plus étroit (voir page 95).

9 Servez avec une sauce au poivron jaune (page 120).

BRIE EN FRITURE, SAUCE À L'ABRICOT

*Croustillant et fondant à l'intérieur,
le brie s'accorde avec une sauce douce telle
la sauce à l'abricot ou un chutney aux mangues.
On le sert soit en entrée, soit en plat principal,
avec des légumes cuits à la vapeur ou encore
une salade verte. Pour 3 personnes en entrée,
ou pour 2 en plat principal.*

INGRÉDIENTS

*250 g de brie
1 œuf battu
2 cuillerées à soupe de farine
10 cuillerées à soupe de chapelure
huile d'arachide pour la friture*
SAUCE À L'ABRICOT
*125 g de confiture d'abricots
jus de 1 citron*

PRÉPARATION

1 Coupez le brie en 6 parts égales. Trempez-les dans le jaune d'œuf, puis dans la farine et enfin dans la chapelure, de sorte que le fromage soit bien enrobé.

2 Préparez la sauce : versez la confiture d'abricots dans une petite casserole et mélangez-la avec 2 cuillerées à soupe d'eau, placez sur feu doux et remuez jusqu'à ce que la préparation réduise; ajoutez le jus du citron, et goûtez.

3 Versez l'huile dans une sauteuse ou dans une friteuse, et portez-la sur feu vif. Quand l'huile est bien chaude (180 °C) – des bulles se forment lorsqu'on y plonge une spatule en bois –, la friture est prête.

4 Utilisez une écumoire pour y plonger la moitié du fromage, en veillant à ce que les portions ne soient pas trop serrées. Elles vont dorer et remonter à la surface. Lorsqu'elles sont colorées de toutes parts, sortez-les avec une écumoire et posez-les sur du papier absorbant.

5 Répétez l'opération pour le reste du fromage. Vérifiez la température de l'huile avant de faire frire la seconde fournée de brie. Servez de suite, avec la sauce à l'abricot.

CRÊPES AU FROMAGE DE CHÈVRE

*La réalisation n'est pas très compliquée et le
résultat est délicieux. Les petites crêpes sont
fourrées d'une fondante garniture au fromage
de chèvre. L'âpreté de son goût s'harmonise
parfaitement avec la saveur douce des crêpes.
D'autres fromages, tels que le brie, le camembert,
ou le roquefort, sont à essayer. Pour 4 personnes.*

INGRÉDIENTS

*1/2 portion de pâte à crêpes (page 149)
huile d'olive*
GARNITURE
*250 g de fromage de chèvre (Sainte Maure, par
exemple) coupé en fines rondelles ou en dés*
PANURE
*2 œufs battus
125 g de chapelure
huile d'arachide pour la friture*

PRÉPARATION

1 Avec la pâte, préparez 4 fines crêpes de 20 cm de diamètre.

2 Répartissez le fromage de chèvre sur chacune d'elles, rabattez les côtés vers le milieu pour former une sorte de carré.

3 Trempez les crêpes dans les œufs battus, puis passez-les dans la chapelure.

4 Versez l'huile dans une sauteuse ou une friteuse et portez-la sur feu vif. Quand elle est bien chaude (180 °C) – des bulles se forment à la surface lorsqu'on y plonge une spatule en bois –, la friture est prête.

5 Utilisez une écumoire pour y plonger les « paquets » de crêpes, partie pliée dessus, et laissez frire de 1 à 2 minutes, jusqu'à ce qu'elles deviennent croustillantes. Retournez-les et faites-les frire rapidement sur l'autre face. Retirez-les de la friture, et égouttez-les sur du papier absorbant. Servez de suite.

FRITTATA AUX LÉGUMES

*La frittata, d'origine italienne, est une sorte
de galette d'œufs battus et de légumes, cuits à la
poêle. D'autres versions en sont la tortilla espagnole
et, chez nous, l'omelette à la piperade. Vous pouvez,
bien entendu, varier les légumes selon les saisons;
les asperges ou les cœurs d'artichauts sont
recommandés. C'est un plat complet qui se déguste
aussi bien froid que chaud. Voir l'illustration
pages 100/101. Pour 2 personnes.*

INGRÉDIENTS

*125 g de carottes nouvelles grattées
125 g d'échalotes pelées et émincées
125 g de courgettes coupées en fines rondelles
125 g de pois gourmands
4 œufs
30 g de parmesan fraîchement râpé
sel et poivre au moulin
2 cuillerées à soupe d'huile d'olive*

PRÉPARATION

1 Versez un peu d'eau dans une casserole et portez-
la à ébullition. Plongez-y les carottes et les échalotes,
couvrez et laissez cuire 2 minutes, ajoutez les
courgettes, laissez cuire 1 minute, et enfin les pois
gourmands pour 1 minute supplémentaire.
Égouttez les légumes.
2 Préchauffez le gril du four à chaleur modérée.
3 Battez légèrement les œufs, ajoutez le parmesan,
du sel et du poivre en tenant compte du fait que
le fromage est déjà salé.
4 Faites chauffer l'huile dans une grande poêle,
sur feu doux. Versez-y les légumes en les étalant
bien avec une spatule, recouvrez-les des œufs
battus et mélangez délicatement.
5 Quand le dessous de la frittata est doré, au bout
de 1 à 2 minutes, placez la poêle sous le gril du
four et laissez dorer environ 1 à 2 minutes. Faites
glisser la frittata sur un plat de service, coupez-la
en deux et servez de suite.

TIMBALES AUX ÉPINARDS

*Ces petites timbales constituent une entrée à la fois
légère et délicieuse. Voir l'illustration page 100.
Pour 6 personnes, en entrée.*

INGRÉDIENTS

*beurre et parmesan pour le moule
15 g de beurre
250 g d'épinards surgelés en petites portions
4 œufs
15 cl de crème fraîche liquide
4 cuillerées à soupe de crème fraîche épaisse
noix muscade fraîchement râpée
sel et poivre au moulin
quelques feuilles de frisée et nœuds de carottes
pour la présentation (page 145)*

PRÉPARATION

1 Préchauffez le four à 160 °C (thermostat 3).
Tapissez le fond de 6 moules à darioles de papier
sulfurisé, beurrez-les et saupoudrez-les de parmesan.
2 Faites fondre le beurre dans une grande
casserole, sur feu doux, mettez-y les épinards,
couvrez et laissez cuire pendant 3 à 4 minutes.
3 Cassez 2 œufs; mettez les jaunes dans un bol,
puis ajoutez les 2 œufs restants, les deux crèmes,
et battez le tout.
4 Versez la préparation dans la casserole d'épinards,
mélangez bien, salez, poivrez et muscadez.
Répartissez cette masse dans les moules préparés
et faites cuire au bain-marie (voir page 147)
de 30 à 35 minutes, jusqu'à ce que les timbales
soient fermes en surface et que la pointe d'un
couteau ressorte tiède.
5 Ces timbales peuvent être servies aussi bien
chaudes que froides. Dans ce dernier cas, laissez-
les refroidir à température ambiante, puis, avec
la lame d'un couteau, détachez-en les bords et
retournez-les délicatement sur un plat. Garnissez
de frisée grossièrement ciselée et de nœuds
de carottes, et servez.

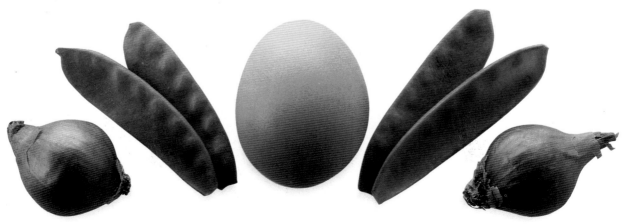

OMELETTE NATURE

Voir l'illustration page 15 (aux fines herbes).
Pour 1 personne.

INGRÉDIENTS

2 œufs extra-frais
sel et poivre au moulin
15 g de beurre

PRÉPARATION

1 Cassez les œufs dans un bol et battez-les délicatement pour que les blancs et les jaunes soient juste mélangés; salez et poivrez.
2 Placez une poêle de 15 cm de diamètre sur feu doux et, lorsqu'elle est chaude, mettez-y le beurre et laissez-le fondre sans brunir. Versez-y les œufs, et tournez la poêle dans tous les sens pour qu'ils se répartissent bien.
3 Avec une fourchette, ramenez les bords vers le centre et laissez cuire jusqu'à ce que l'omelette soit baveuse, c'est-à-dire à peine cuite en surface; cela demande 1 à 2 minutes. Ajoutez la garniture de votre choix et repliez l'omelette en trois (voir page 148). Servez de suite.

OMELETTE SOUFFLÉE

À mi-chemin entre l'omelette traditionnelle et le soufflé, cette préparation originale présente l'avantage d'une cuisson plus rapide. Pour 1 personne.

INGRÉDIENTS

2 œufs extra-frais, jaunes et blancs séparés
2 cuillerées à soupe d'eau froide
sel et poivre au moulin
15 g de beurre

PRÉPARATION

1 Préchauffez le gril du four à chaleur modérée.
2 Mélangez les jaunes d'œufs et l'eau dans un grand bol, salez, poivrez et battez bien.
3 Dans un saladier, fouettez les blancs en neige ferme.
4 Prélevez un peu de cette neige et mélangez-la aux jaunes d'œufs; incorporez délicatement le reste de la neige, en soulevant la masse.
5 Faites la phase 2 de la recette ci-dessus.
6 Au bout de 1 à 2 minutes, quand le dessous de l'omelette est légèrement doré, placez la poêle sous le gril du four et laissez dorer la surface environ 1 à 2 minutes.
7 Incisez l'omelette, afin de pouvoir la plier plus facilement, ajoutez la garniture de votre choix sur une moitié et refermez en rabattant l'autre moitié sur la garniture. Servez de suite.

GARNITURES D'OMELETTES

Les omelettes, qu'elles soient classiques ou soufflées, peuvent parfaitement se déguster telles, sans ajout d'autres ingrédients. Cependant, pour varier les plaisirs de la dégustation, on peut ajouter quelques garnitures sucrées ou salées qui en rehausseront le goût. Pour les omelettes sucrées, quelques fruits, de la confiture ou du sucre glace seront de parfaits accompagnements.

AUX ASPERGES Pelez et lavez 2 à 4 asperges et mettez-les dans une poêle. Versez un peu d'eau bouillante, couvrez et laissez cuire pendant 3 à 4 minutes. Coupez-les en bâtonnets de 2,5 cm de longueur.
AU POIVRON ROUGE Grillez et pelez 1/2 poivron (page 144), coupez la chair en lanières.
AUX CHAMPIGNONS Émincez 60 g de champignons et faites-les revenir 5 à 15 minutes dans 15 g de beurre, jusqu'à complète évaporation de leur eau ; salez et poivrez.
AUX TRUFFES Râpez une truffe noire sur l'omelette juste cuite et pliez-la immédiatement pour « enfermer » l'arôme puissant de la truffe.
À LA RATATOUILLE Ajoutez 2 cuillerées à soupe de fromage râpé dans les œufs battus et, lorsque l'omelette est cuite, saupoudrez 2 autres cuillerées du même fromage ou d'un autre, juste avant de la refermer. Gruyère et parmesan sont délicieux.
AUX ARTICHAUTS Comptez 1 ou 2 fonds d'artichauts par personne et préparez-les selon la méthode de la page 146, coupez-les en lamelles et faites-les revenir dans 15 g de beurre fondu, jusqu'à ce qu'ils deviennent tendres.
À LA ROQUETTE C'est une garniture à la saveur prononcée. Mettez 60 g de feuilles de roquette sur l'omelette, soit crues, soit cuites, dans 2 cuillerées à soupe d'huile d'olive pendant 1 à 2 minutes.
AUX PETITS POIS ET À LA MENTHE Couvrez 60 g de petits pois frais ou surgelés d'eau bouillante et laissez-les cuire, à couvert, pendant 2 minutes. Égouttez-les et ajoutez une petite noix de beurre et 2 cuillerées à soupe de menthe hachée.

Timbale d'épinards
(page 98)

Petits pains
(page 103)

Frittata aux légumes
(page 98)

PAINS, PIZZAS, TARTES ET FRIANDS

Pains et pizzas maison, tout juste sortis du four, sont merveilleusement parfumés et délicieusement croustillants. Tartes et tourtes salées, accompagnées d'une salade fraîche et croquante, seront servies pour un dîner léger. Les savoureux petits friands et feuilletés, qui offrent une grande variété, seront présentés en entrée ou à l'apéritif. Pour un repas de fête, un pâté en croûte aux tomates et aux noix de cajou ou bien une gougère en couronne, par exemple, conviendront parfaitement.

PAIN BIS

Cette pâte à pain, rapide à faire, n'a besoin de lever qu'une fois et se passe de pétrissage. Les ingrédients étant mélangés, il vous suffira de laisser la pâte reposer dans un moule jusqu'à ce qu'elle ait levé, puis de la faire cuire. Vous pouvez utiliser de la levure de boulanger déshydratée, mais la fraîche est d'utilisation plus rapide. Pour 2 pains de 500 g ou 1 pain de 1 kg.

INGRÉDIENTS

500 g de farine complète
2 cuillerées à café de sel
15 g de levure de boulanger fraîche
ou 2 cuillerées à café de levure déshydratée
1 cuillerée à café de sucre
40 cl d'eau tiède
beurre ou huile d'olive pour graisser le moule

PRÉPARATION

1 Mettez la farine et le sel dans une terrine, mélangez-les rapidement avec les doigts et placez la terrine près d'une source de chaleur, par exemple devant le four à faible température. La farine doit être à peine tiède — veillez à ce qu'elle ne chauffe pas.
2 Si vous utilisez de la levure fraîche, émiettez-la dans un petit bol avec le sucre et versez dessus 15 cl d'eau tiède. Si vous optez pour la levure déshydratée, commencez par diluer le sucre dans les 15 cl d'eau tiède, saupoudrez de levure et mélangez.
3 Laissez reposer la levure environ 5 minutes, jusqu'à ce qu'elle forme sur le dessus une mousse semblable à celle de la bière.

4 Graissez généreusement 2 petits moules ou un grand moule avec du beurre ou de l'huile d'olive.
5 Ajoutez la levure à la farine et mouillez avec l'eau tiède restante, de manière à obtenir une pâte relativement molle, se détachant des parois de la terrine. Si nécessaire, rajoutez un peu d'eau tiède.
6 Pour 2 pains, coupez la pâte en deux. Abaissez-la en un rectangle, de façon que sa largeur corresponde à celle du moule, et façonnez-la, à la main, à ses dimensions. Disposez la pâte dans le moule, pli dessous, en l'enfonçant bien sur les côtés et dans les coins pour donner au pain une forme arrondie.
7 Couvrez le(s) moule(s) de film alimentaire ou d'un torchon propre trempé dans l'eau chaude et complètement essoré, et placez-le(s) dans un endroit chaud (près d'un radiateur, par exemple), jusqu'à ce que la pâte ne soit plus qu'à 6 mm du bord du moule. Comptez 30 minutes si la pièce est plutôt chaude, plus longtemps — jusqu'à 1 heure — si elle est fraîche.
8 Préchauffez le four à 200 °C (thermostat 6).
9 Faites cuire jusqu'à ce que le pain soit bien doré et ferme : 45 minutes environ pour 1 pain de 1 kilo, 35 minutes pour 2 pains de 500 g. Sorti du moule, le pain doit produire un son creux lorsqu'on le frappe du doigt sur le dessous. Pour qu'il soit plus croustillant sur la face inférieure et les côtés, remettez-le au four quelques instants, sans le moule.

VARIANTE

Pour obtenir un pain plus léger, remplacez la moitié de la farine complète par de la farine blanche ordinaire.

PETITS PAINS

La pâte doit être légèrement pétrie. Vous pouvez donner aux petits pains la taille et la forme que vous souhaitez (voir l'illustration page 101).

INGRÉDIENTS

175 g de farine blanche ordinaire
175 g de farine complète
1/2 cuillerée à café de sel
15 g de levure de boulanger fraîche
ou 2 cuillerées à café de levure déshydratée
1 cuillerée à café de sucre
20 cl d'eau tiède
3 cuillerées à soupe d'huile d'olive
beurre ou huile pour graisser la plaque du four
farine, graines de pavot ou de sésame, ou flocons
d'avoine pour la garniture (facultatif)

PRÉPARATION

1 Versez les farines et le sel dans une terrine, mélangez rapidement avec les doigts et laissez reposer à proximité d'une source de chaleur.
2 Si vous utilisez de la levure fraîche, émiettez-la dans un petit bol avec le sucre, et versez dessus l'eau tiède. Si vous préférez la levure déshydratée, commencez par mettre le sucre dans l'eau tiède, puis saupoudrez de levure et mélangez.
3 Laissez reposer la levure environ 5 minutes, jusqu'à ce qu'elle mousse comme de la bière.
4 Versez l'huile sur la farine et ajoutez la levure. Mélangez la pâte jusqu'à ce qu'elle se détache des parois de la terrine. Disposez la pâte sur une surface propre et pétrissez-la de 5 à 10 minutes, de façon à lui donner une texture lisse.
5 Remettez la pâte dans la terrine et couvrez-la d'un torchon propre. Placez-la dans un endroit chaud, jusqu'à ce qu'elle ait doublé de volume (comptez de 30 minutes à 1 heure).
6 Aplatissez la pâte avec le poing, retirez-la de la terrine et pétrissez-la quelques instants. Divisez-la en autant de parties que vous voulez de pains, et donnez à chacun la forme de votre choix. Disposez les petits pains à bonne distance les uns des autres sur la plaque huilée et recouvrez de film alimentaire ou d'un linge humide. Laissez-les dans un endroit chaud de 30 à 60 minutes, jusqu'à ce qu'ils aient doublé de volume.
7 Préchauffez le four à 200 °C (thermostat 6).
8 Vous pouvez garnir de graines ou de flocons d'avoine. Faites cuire 20 minutes environ.

LES DIVERSES FORMES DE PETITS PAINS

On peut faire des petits pains de la même forme que les grands pains traditionnels :
NŒUD Divisez la pâte en 8 morceaux, roulez chacun en une mince saucisse et formez un nœud.
CAMPAGNARD Faites 8 boules de pâte ; prélevez-en 2 et divisez-les en 3, de façon à obtenir 6 grosses boules et 6 petites. Faites-les rouler doucement sous la paume de la main pour bien les arrondir. Placez chaque petite boule sur une grosse et percez-les d'un trou au milieu à l'aide du manche d'une cuillère en bois.
TRÈFLE Formez 18 boulettes. Regroupez-les par 3, placées côte à côte, sur la plaque du four. Chaque groupe de trois — formant une feuille de trèfle — doit être bien séparé des autres.
TRESSE Séparez la pâte en 3 morceaux ; divisez à nouveau chacun en 3 et roulez les 9 pâtons ainsi obtenus en longues saucisses. Tressez 3 d'entre elles de façon assez lâche. Repliez les extrémités en dessous, pour éviter que la tresse ne se défasse. Confectionnez 2 autres tresses en procédant de la même manière.
MICHE Divisez la pâte en 6. Aplatissez chaque morceau et donnez-lui une forme cylindrique. Étirez les extrémités et repliez-les sous le pain afin que le dessus soit bien arrondi. Lorsque le volume de la pâte a doublé, avant de la badigeonner, faites deux entailles en diagonale sur le dessus.

PÂTE À PIZZA

Utilisez la même pâte que pour les petits pains. Réalisez une pizza de 30 cm de diamètre, ou 4 de 15 cm. Vous trouverez des idées de garnitures originales page 104.

PRÉPARATION

1 Procédez selon les points 1 à 5 de la recette ci-contre.
2 Graissez légèrement la plaque du four avec du beurre ou de l'huile d'olive.
3 Aplatissez la pâte du poing, retirez-la de la terrine et pétrissez-la rapidement. Abaissez-la en un rond de 30 cm de diamètre ou, pour des pizzas individuelles, en 4 ronds de 15 cm de diamètre. Placez la pâte sur la plaque du four.
4 Disposez la garniture sur la (les) pizza(s) et faites cuire selon les indications de la page suivante.

PIZZA AUX ASPERGES, À LA ROQUETTE ET AU PARMESAN

Pour une pizza de 30 cm de diamètre.

INGRÉDIENTS

200 g de pointes d'asperges
60 g de feuilles de roquette grossièrement hachées
1 fond de pizza cru de 30 cm de diamètre
huile d'olive à volonté
sel et poivre au moulin
60 g de parmesan émietté

PRÉPARATION

1 Préchauffez le four à 200 °C (thermostat 6).
2 Faites blanchir les asperges de 2 à 3 minutes dans de l'eau bouillante.
3 Répartissez la roquette sur la pâte. Disposez les asperges comme les rayons d'une roue. Badigeonnez d'huile d'olive et assaisonnez.
4 Faites cuire 10 minutes. Ajoutez le fromage et remettez la pizza au four encore 10 minutes, jusqu'à ce que le dessus soit légèrement doré. Servez très chaud.

PIZZA À L'ARTICHAUT, À L'AVOCAT ET AUX PLEUROTES

Pour une pizza de 30 cm de diamètre.

INGRÉDIENTS

2 cuillerées à café d'huile d'olive
175 g de pleurotes
30 cl de coulis de tomates ou de sauce tomate fraîche
1 fond de pizza cru de 30 cm de diamètre
125 g de cœurs d'artichauts conservés dans l'huile d'olive
1 avocat bien mûr
1 cuillerée à soupe de jus de citron
sel et poivre au moulin

PRÉPARATION

1 Préchauffez le four à 200 °C (thermostat 6).
2 Faites chauffer l'huile dans une poêle à feu moyen et faites revenir les pleurotes pendant 5 minutes.
3 Étalez la sauce tomate sur le fond de pizza. Égouttez les artichauts et réservez leur huile. Coupez les artichauts en tranches et disposez-les avec les pleurotes sur la pâte. Badigeonnez avec l'huile des artichauts. Faites cuire pendant 15 minutes.
4 Ouvrez l'avocat en deux, retirez la peau et le noyau, et coupez-le en tranches; arrosez de jus de citron.
5 Sortez la pizza du four, disposez l'avocat sur le dessus et remettez à cuire pendant 5 minutes.

PIZZA À L'AUBERGINE, AUX OIGNONS ET AUX OLIVES

Pour une pizza de 30 cm de diamètre.

INGRÉDIENTS

1 grosse aubergine coupée en morceaux de 2,5 x 5 cm
2 oignons rouges, en tranches
huile d'olive
1 fond de pizza cru de 30 cm de diamètre
125 g de grosses olives vertes
sel et poivre au moulin

PRÉPARATION

1 Préchauffez le four à 200 °C (thermostat 6).
2 Placez les morceaux d'aubergine et les oignons sur une grille ou une plaque. Aspergez d'huile et mélangez doucement pour bien répartir l'huile. Réglez le four sur la position gril et faites cuire les légumes sous le gril de 10 à 15 minutes, jusqu'à ce qu'ils soient tendres et légèrement dorés, en les retournant de temps en temps à l'aide de pincettes et en ajoutant de l'huile si nécessaire.
3 Disposez les aubergines et les oignons sur la pâte, décorez avec les olives et assaisonnez généreusement.
4 Comptez 20 minutes pour que la pizza soit cuite au milieu et croustillante sur les bords. Servez de suite.

PIZZAS INDIVIDUELLES

La recette de la page 103 permet de faire 4 fonds de pizzas individuelles de 15 cm de diamètre. Certains ingrédients, comme les tomates cerises, se prêtent particulièrement bien à leur garniture. Faites cuire à la même température que les grandes pizzas (200 °C, thermostat 6), de 10 à 15 minutes.

PIZZAS AUX TOMATES CERISES Étalez de la sauce tomate fraîche sur les fonds de pizzas (page 121). Coupez en fines rondelles 250 g de tomates cerises, disposez-les sur les pizzas et assaisonnez généreusement. Faites cuire de 10 à 15 minutes, jusqu'à ce que les pizzas soient croustillantes sur les bords et cuites au centre. Parsemez de basilic frais et servez chaud.
PIZZAS AUX POIVRONS Utilisez 3 poivrons : 1 rouge, 1 jaune et 1 vert. Coupez-les en quatre, faites-les griller et pelez-les comme indiqué page 144, puis découpez-les en lanières. Disposez les poivrons sur la pâte, aspergez d'huile et assaisonnez. Faites cuire de 10 à 15 minutes.

TARTES SALÉES

*Ces recettes sont prévues pour une tarte de 20 cm
de diamètre ou 4 tartelettes de 10 cm.
Voir les illustrations pages 30-31.*

INGRÉDIENTS

GARNITURE
A choisir parmi les recettes ci-dessous.
FOND DE TARTE
*1 fond de tarte de 20 cm de diamètre en pâte brisée,
précuit et « étanchéisé » de la manière indiquée
page 151, ou 4 fonds de 10 cm de diamètre*
PRÉPARATION AUX ŒUFS
*3 jaunes d'œufs
20 cl de crème fraîche liquide
noix muscade fraîchement râpée (facultatif)
sel et poivre au moulin*

PRÉPARATION

1 Préchauffez le four à 160 °C (thermostat 3).
2 Préparez les garnitures selon les recettes ci-dessous, et répartissez-les sur le fond de tarte.
3 Dans un bol, battez les jaunes d'œufs avec la crème pour bien les mélanger. Ajoutez, le cas échéant, de la noix muscade, salez et poivrez généreusement. Versez le mélange dans une casserole et faites-le réduire à feu doux, sans cesser de remuer, jusqu'à ce qu'il soit assez épais pour recouvrir le dos de la cuillère en bois.
4 Versez la préparation sur la garniture du fond de tarte. Saupoudrez de graines de sésame ou d'amandes. Faites cuire au four pendant 25 à 30 minutes, pour que la surface soit bien dorée.

———— *Garnitures des tartes* ————

POIREAUX ET SÉSAME Coupez en rondelles 250 g de blancs de poireau. Ajoutez 30 g de beurre, couvrez et faites cuire 15 minutes à feu doux, en remuant de temps en temps. Si les poireaux dégorgent, découvrez la casserole, et faites cuire à feu vif pour que l'eau s'évapore. Mettez les poireaux dans le(s) fond(s) de tarte(s), et versez dessus les œufs battus avec la crème assaisonnés de noix muscade. Saupoudrez de 2 cuillerées à soupe de graines de sésame et mettez au four. Servez chaud, tiède ou froid.

ROQUEFORT, OIGNON ET AMANDES Faites blondir pendant 5 minutes 1 oignon de taille moyenne, finement haché, dans 1 cuillerée à soupe d'huile olive. Émiettez 60 g de roquefort, mélangez-le à l'oignon et garnissez le(s) fond(s) de tarte(s). Versez les œufs battus avec la crème dessus, saupoudrez de 2 cuillerées à soupe d'amandes effilées et faites cuire au four. Servez chaud, tiède ou froid.

TARTELETTES

*Il est conseillé de précuire les fonds de tartelettes
avant de les garnir. Les proportions indiquées
ici permettent de garnir 6 à 8 tartelettes.
Voir les illustrations pages 30-31.*

TARTELETTES MÉDITERRANÉENNES
Mélangez 125 g de feta en cubes, 12 feuilles de roquette grossièrement hachées, 4 tomates séchées, coupées en lanières, avec un coulis de tomates. Poivrez et répartissez cette garniture sur 6 à 8 fonds de tartelettes précuits, en décorant avec 6 à 8 olives noires.

TARTELETTES AUX OLIVES ET AUX TOMATES
Préparez un peu de sauce tomate (page 121) et remplissez-en à la cuillère 6 à 8 fonds de tartelettes précuits. Décorez avec 6 à 8 grosses olives noires, dénoyautées et coupées en quatre.

BARQUETTES AUX POIVRONS Utilisez 2 poivrons : 1 rouge et 1 jaune. Coupez-les en quatre, faites-les griller et pelez-les comme indiqué à la page 144, puis découpez-les en fines lanières. Disposez-les dans 6 à 8 barquettes précuites et décorez de basilic.

BARQUETTES AUX TOMATES CERISES
Préchauffez le four à 160 °C (thermostat 3). Coupez 6 tomates cerises en tranches fines et remplissez 6 à 8 barquettes précuites. Réservez quelques tranches. Battez 1 jaune d'œuf avec 3 cuillerées à soupe de crème fraîche liquide, salez et poivrez. Étalez ce mélange sur les tranches de tomate dans les barquettes, garnissez des tomates restantes et faites cuire de 5 à 10 minutes. Servez tiède ou froid.

**TARTELETTES À L'AVOCAT
ET AUX OIGNONS DE PRINTEMPS** Préchauffez le four à 160 °C (thermostat 3). Coupez finement 2 oignons nouveaux et faites-les revenir 3 minutes dans un peu d'huile d'olive. Battez 1 jaune d'œuf avec 8 cuillerées de crème fraîche liquide, salez et poivrez. Dénoyautez, pelez et coupez en tranches fines un petit avocat, mélangez-le aux oignons et garnissez 6 fonds de tartelettes. Recouvrez des œufs battus avec la crème. Faites cuire de 5 à 10 minutes.

**TARTELETTES AUX CAROTTES
ET À LA CARDAMOME** Préchauffez le four à 160 °C (thermostat 3). Coupez en fines rondelles 125 g de carottes nouvelles et faites-les blanchir avec de la cardamome pendant 2 minutes, jusqu'à ce qu'elles deviennent tendres. Égouttez les carottes et répartissez-les sur les fonds de tartelettes. Ouvrez la gousse de cardamome, retirez les graines, mettez-les dans un bol avec 1 œuf et 8 cuillerées de crème. Mélangez à la fourchette, salez et poivrez. Tapissez les tartelettes. Faites cuire de 5 à 10 minutes. Servez tiède ou froid.

Pâté en Croûte aux Tomates et aux Noix de Cajou

Ce pâté moelleux aux tomates et aux noix de cajou, enveloppé d'une fine croûte de pâte feuilletée, constitue un excellent plat de résistance. Pour 4 personnes.

INGRÉDIENTS

beurre, pour graisser le moule
2 cuillerées à soupe d'huile d'olive
1 gros oignon finement haché
2 gousses d'ail finement hachées
400 g de tomates entières en boîte égouttées et écrasées
12 tomates séchées à l'huile d'olive, finement hachées
200 g de noix de cajou hachées
le zeste de 1/2 citron finement râpé
1 cuillerée à soupe de basilic ciselé
1 œuf battu
sel et poivre noir au moulin
250 g de pâte feuilletée fraîche ou surgelée

PRÉPARATION

1 Préchauffez le four à 180 °C (thermostat 4). Utilisez un moule rectangulaire et peu profond. Tapissez-le de papier sulfurisé et beurrez-le.
2 Faites chauffer l'huile dans une casserole, sur feu doux, mettez-y l'oignon et l'ail, couvrez et laissez cuire 5 minutes. Incorporez les tomates et faites cuire 3 minutes à découvert.
3 Retirez la casserole du feu et ajoutez les tomates séchées, les noix de cajou, le zeste de citron, le basilic et l'œuf battu, dont vous aurez réservé 2 cuillerées à café pour dorer la pâte. Salez et poivrez.
4 Versez le mélange dans le moule et lissez la surface. Faites cuire au four de 45 à 60 minutes. Laissez refroidir. Démoulez le pâté, enveloppez-le de film alimentaire et mettez-le au réfrigérateur.

 Le pâté peut être préparé 2 à 3 jours à l'avance et conservé au réfrigérateur.

5 Préchauffez le four à 200° C (thermostat 6).
6 Sur une surface légèrement farinée, abaissez la pâte feuilletée en un carré de 30 cm de côté. Coupez celui-ci au tiers de sa largeur, pour obtenir un premier rectangle de 30 x 20 cm et un second de 30 x 10 cm.
7 Placez le pâté sur le plus petit rectangle de pâte et recouvrez-le complètement avec le grand, en appuyant fermement sur les bords, légèrement humectés, de façon à les faire bien adhérer. Coupez l'excédent de pâte, percez le dessus de quelques trous et badigeonnez d'œuf.
8 Faites cuire au four de 25 à 30 minutes.

Huile d'olive

Oignon

Ail

Tomates en boîte

Tomates séchées

Noix de cajou

Zeste de citron

Basilic

Œuf battu

Sel

Poivre noir

Pâte feuilletée

TOURTE AUX POIREAUX ET AUX POMMES DE TERRE

Un mélange fondant de poireaux et de pommes de terre cuits au four sous une croûte en pâte feuilletée. Pour 4 personnes.

INGRÉDIENTS

750 g de pommes de terre coupées en tranches fines
500 g de poireaux coupés en rondelles
30 g de beurre
250 g d'oignons hachés menu
2 cuillerées à soupe de ciboulette ciselée
2 cuillerées à soupe de persil plat haché
400 g de crème fraîche
noix muscade fraîchement râpée
sel et poivre au moulin
250 g de pâte feuilletée,
fraîche (page 150) ou surgelée
1 œuf battu pour dorer la pâte (facultatif)

PRÉPARATION

1 Dans deux casseroles, faites blanchir séparément les pommes de terre et les poireaux pendant 8 à 10 minutes pour les attendrir. Égouttez-les.
2 Faites fondre le beurre sur feu doux, dans une sauteuse, ajoutez le hachis d'oignon et faites-le revenir pendant 10 minutes environ.
3 Retirez la sauteuse du feu, incorporez les pommes de terre, les poireaux, les fines herbes et la crème fraîche. Mélangez bien le tout, assaisonnez de noix muscade, de sel et de poivre, et laissez refroidir.
4 Préchauffez le four à 200 °C (thermostat 6).
5 Utilisez un plat à gratin. Abaissez la pâte de sorte que sa surface soit plus grande que le plat. Découpez dans la pâte le couvercle de la tourte aux dimensions exactes du plat, et prélevez dans la partie restante une bande de 2,5 cm de largeur. Vous la mettrez de côté, avec toutes les chutes de pâte.
6 Remplissez généreusement le plat de la garniture de pommes de terre et de poireaux. Recouvrez du couvercle de pâte.
7 Disposez la bande de pâte sur le bord du plat, en la plissant si nécessaire, et soudez-la, après l'avoir badigeonnée d'eau froide, au couvercle placé sur la garniture. Froncez la pâte comme indiqué page 151. Faites un trou au centre de la tourte pour laisser échapper la vapeur.
8 Décorez avec les chutes de pâte réservées, que vous ferez adhérer avec un peu d'eau froide, puis badigeonnez d'œuf battu, si vous le désirez. Faites cuire de 35 à 40 minutes, jusqu'à ce que la pâte soit croustillante et bien dorée.

GOUGÈRE EN COURONNE

Cette gougère parfumée, garnie de petits légumes cuits au vin rouge, constitue un plat principal délicieux. Pour 4 personnes.

INGRÉDIENTS

GOUGÈRE

60 g de beurre, plus 10 g pour graisser le plat
90 g de farine
2 œufs
90 g de gruyère râpé
sel et poivre au moulin

GARNITURE

30 g de beurre
1 cuillerée à soupe d'huile d'olive
1 gros oignon coupé en tranches
4 gousses d'ail hachées menu
250 g de petites carottes nouvelles
125 g de petits champignons de Paris entiers
1 feuille de laurier
1 branche de romarin
30 cl de vin rouge
persil plat ciselé pour la décoration

PRÉPARATION

1 Préchauffez le four à 200 °C (thermostat 6).
2 Faites fondre le beurre dans une casserole de taille moyenne contenant 15 cl d'eau froide et portez à ébullition.
3 Retirez la casserole du feu et versez-y la farine préalablement tamisée. Fouettez vigoureusement, puis remettez le mélange à chauffer jusqu'à ce qu'il se détache des parois de la casserole. Retirez à nouveau du feu.
4 Ajoutez les œufs et remuez avec une cuillère en bois, de 2 à 3 minutes, de façon à obtenir un mélange lisse et brillant. Incorporez les 2/3 du fromage et assaisonnez.
5 A l'aide d'une cuillère, disposez le mélange en couronne dans un plat allant au four, préalablement beurré. Parsemez du restant de fromage râpé. Faites cuire environ 35 minutes, jusqu'à ce que la gougère présente une belle teinte dorée.
6 Pendant ce temps, préparez la garniture. Dans une grande sauteuse, faites fondre sur feu moyen la moitié du beurre avec l'huile. Faites-y revenir l'oignon 5 minutes. Ajoutez l'ail, les carottes, les champignons et les herbes, faites sauter encore 5 minutes, puis baissez le feu.
7 Versez le vin dans la sauteuse et faites-le réduire de moitié pendant 20 minutes. Retirez les herbes. Assaisonnez et ajoutez le reste du beurre.
8 Disposez la garniture au centre de la gougère, parsemez de persil et servez de suite.

FLEURS AUX ASPERGES

Pour 12 pièces. Voir l'illustration page 18.

INGRÉDIENTS

feuilles de filo (voir conseils d'utilisation page 150)
beurre fondu pour badigeonner la pâte
8 pointes d'asperges
sauce hollandaise (page 123)

PRÉPARATION

1 Préchauffez le four à 200 °C (thermostat 6)
2 Préparez des moules à brioches individuels. Pour chaque fleur, découpez deux carrés de feuilles de filo légèrement plus grands que les moules.
3 Badigeonnez chaque moule d'un peu de beurre et placez les carrés de filo, décalés les uns par rapport aux autres, de manière à former une étoile à huit branches. Badigeonnez à nouveau de beurre fondu.
4 Procédez de la même manière pour tous les moules. Faites cuire les fleurs 5 minutes environ, jusqu'à ce qu'elles soient légèrement dorées. Retirez du four et laissez refroidir.
5 Coupez les pointes d'asperges en trois et faites-les blanchir dans de l'eau bouillante salée 3 minutes. Laissez refroidir.
6 Dressez les fleurs sur un plat. Remplissez chacune de sauce hollandaise et disposez sur le dessus deux morceaux d'asperge.

VARIANTE

FLEURS AUX BROCOLIS ET AUX TOMATES
Au fond de la pâte, préalablement garnie de sauce hollandaise, déposez un bouquet de brocoli et des tomates coupées en rondelles.

ROULEAUX CHINOIS

Pour 12 pièces. Voir l'illustration page 18.

INGRÉDIENTS

2 cuillerées à soupe d'huile d'olive
1 oignon moyen finement haché
1 poivron vert, épépiné, débarrassé des côtes
blanches et coupé en fines lanières
175 g de petits champignons de Paris émincés
ou hachés
300 g de germes de soja
1 cuillerée à soupe de sauce soja
poivre au moulin
feuilles de filo (voir conseils d'utilisation page 150)
beurre fondu pour badigeonner la pâte

PRÉPARATION

1 Dans une grande sauteuse, faites chauffer l'huile sur feu moyen, ajoutez l'oignon et le poivron, et laissez cuire à couvert pendant 10 minutes environ.
2 Ajoutez les champignons et les germes de soja. Faites cuire à découvert pendant 2 à 3 minutes. Retirez la sauteuse du feu, ajoutez la sauce soja, poivrez et laissez cette farce refroidir.
3 Préchauffez le four à 200 °C (thermostat 6).
4 Pliez une feuille de filo en deux dans le sens de la hauteur. A l'aide d'une cuillère, déposez un peu de farce sur la bande de pâte, repliez les bords et roulez sur toute la longueur de la pâte. Badigeonnez de beurre fondu le rouleau, que vous disposerez sur la plaque du four. Répétez l'opération jusqu'à épuisement de la farce.
5 Faites cuire les rouleaux jusqu'à ce qu'ils soient uniformément dorés et croustillants.

PETITS PAQUETS AUX POIREAUX

Pour 8 pièces. Voir l'illustration page 18.

INGRÉDIENTS

500 g de pommes de terre coupées en dés
350 g de poireaux parés et coupés en fines rondelles
15 cl de crème fraîche liquide
2 cuillerées à soupe de persil plat ciselé
sel et poivre au moulin
feuilles de filo (voir conseils d'utilisation page 150)
beurre fondu pour badigeonner la pâte

PRÉPARATION

1 Dans deux casseroles, faites blanchir séparément de 5 à 6 minutes les pommes de terre et les poireaux pour les attendrir. Égouttez (l'eau de cuisson des légumes peut faire un bon bouillon).
2 Mettez les pommes de terre et les poireaux dans un saladier et versez la crème dessus peu à peu, pour éviter que le mélange ne devienne trop liquide. Ajoutez le persil, poivrez, salez et mélangez bien.
3 Préchauffez le four à 200 °C (thermostat 6).
4 Coupez une feuille de filo en deux dans le sens de la hauteur et placez les deux moitiés en croix l'une sur l'autre. Disposez la farce au centre, en repliant les quatre côtés de façon à former une sorte de paquet. Badigeonnez de beurre fondu et mettez au four. Répétez l'opération jusqu'à épuisement de la farce.
5 Faites cuire les petits paquets jusqu'à ce qu'ils soient uniformément dorés et croustillants : 20 minutes environ sur une face, 10 à 15 minutes sur l'autre. Si vous ne les consommez pas aussitôt, repassez-les au four juste avant de servir.

TRIANGLES AUX LÉGUMES ÉPICÉS

Pour 8 pièces. Voir l'illustration page 19.

INGRÉDIENTS

1 cuillerée à soupe d'huile d'olive
1 oignon moyen finement haché
1/2 cuillerée à café de gingembre frais râpé
1/2 cuillerée à café de cumin en grains
1/2 cuillerée à café de coriandre moulue
100 g de pommes de terre coupées en petits dés
100 g de carottes coupées en petits dés
100 g de petits pois surgelés
2 cuillerées de coriandre ciselée
sel et poivre au moulin
feuilles de filo (voir conseils d'utilisation page 150)
beurre fondu pour badigeonner la pâte

PRÉPARATION

1 Dans une sauteuse, faites chauffer l'huile sur feu moyen, mettez l'oignon, couvrez et faites cuire 5 minutes. Ajoutez les épices, les dés de légumes et laissez cuire à couvert de 5 à 10 minutes. Remuez de temps en temps et mouillez de 1 cuillerée à soupe d'eau pour éviter de faire brûler.
2 Incorporez les petits pois surgelés, en remuant. Ajoutez la coriandre fraîche et l'assaisonnement.
3 Préchauffez le four à 200 °C (thermostat 6).
4 Coupez une feuille de filo en deux bandes dans le sens de la longueur. Disposez un peu de farce à l'extrémité d'une bande et repliez la pâte en triangle. Badigeonnez de beurre fondu, mettez au four et répétez l'opération jusqu'à épuisement de la farce.
5 Faites cuire 15 minutes environ.

AUMÔNIÈRES

Pour 12 pièces. Voir l'illustration page 19.

INGRÉDIENTS

125 g de ricotta
30 g de parmesan frais râpé
feuilles de filo (voir conseils d'utilisation page 150)
beurre fondu pour badigeonner la pâte

PRÉPARATION

1 Préchauffez le four à 200 °C (thermostat 6).
2 Mélangez la ricotta et le parmesan.
3 Coupez des feuilles de filo en carrés de 12 cm de côté. Badigeonnez-en un de beurre fondu et placez dessus un autre carré, légèrement décalé. Déposez 1 cuillerée de farce au milieu de la pâte, ramenez les bords et serrez. Enduisez les aumônières de beurre fondu, mettez au four et faites cuire pendant 5 minutes.

POUR FAIRE UN TRIANGLE DE FILO

1 *Disposez la farce à une extrémité de la bande de pâte et formez une pointe, de façon à obtenir un triangle.*

PETITS TRIANGLES À LA GRECQUE

Pour 8 pièces. Voir l'illustration page 18.

INGRÉDIENTS

125 g d'épinards surgelés
1 cuillerée à soupe d'huile d'olive
1 oignon moyen finement haché
1/2 cuillerée à café de graines de fenouil
60 g de feta en cubes ou émiettée
sel et poivre au moulin
feuilles de filo (voir conseils d'utilisation page 150)
beurre fondu pour badigeonner la pâte

PRÉPARATION

1 Dans une casserole, faites décongeler les épinards sur feu moyen, jusqu'à évaporation complète de leur eau. Égouttez-les et mettez-les dans un bol.
2 Faites chauffer l'huile dans une poêle, ajoutez l'oignon, couvrez et laissez revenir sur feu moyen 5 minutes. Incorporez les graines de fenouil et prolongez la cuisson de 1 à 2 minutes.
3 Mélangez les oignons et la feta aux épinards. Salez peu (la feta est un fromage très salé) et poivrez. Remuez bien et laissez refroidir.
4 Préchauffez le four à 200 °C (thermostat 6).
5 Coupez une feuille de filo en deux bandes dans le sens de la longueur. Déposez 1 cuillerée de farce à l'extrémité d'une bande et formez un triangle selon les indications ci-dessus. Badigeonnez de beurre fondu et mettez au four.
6 Faites cuire pendant 10 minutes environ, jusqu'à ce que les triangles soient dorés et croustillants.

 Si vous les préparez à l'avance, un rapide passage au four avant de servir les rendra à nouveau croustillants.

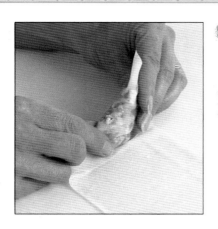

2 *Enveloppez soigneusement la farce en repliant ce triangle sur sa base.*

3 *Rabattez entièrement le triangle sur la bande de filo, puis coupez l'excédent de pâte.*

4 *Badigeonnez de beurre fondu, en veillant à bien souder les bords du triangle. Mettez au four.*

Petits triangles
à la grecque

CÉRÉALES ET LÉGUMES SECS

Riz, semoule, haricots et autres légumes secs permettent de réaliser de multiples et succulentes recettes. Du pilaf de légumes au risotto italien, en passant par la roulade aux haricots rouges et une version originale de la paella espagnole, garnie de légumes au safran, ce chapitre vous fait découvrir un volet de la cuisine internationale.

TIMBALE DE RIZ AUX AUBERGINES

On peut utiliser soit un grand moule, soit de petits moules individuels. Pour 6 personnes.

INGRÉDIENTS

300 g de riz complet
2 aubergines coupées en tranches
2 cuillerées à soupe d'huile d'olive
huile pour la friture et le graissage du moule
1 gros oignon haché
1 poivron rouge, épépiné et émincé
2 gousses d'ail hachées
1 pincée de piment rouge en poudre
2 grosses tomates pelées et hachées
4 cuillerées à soupe de persil plat ciselé
sel et poivre au moulin
quelques feuilles de basilic frais

PRÉPARATION

1 Faites cuire le riz comme indiqué page 152. Retirez la casserole du feu sans ôter le couvercle.
2 Préparez les tranches d'aubergine. Faites-les revenir 2 minutes dans un peu d'huile d'olive. Égouttez bien et épongez avec du papier absorbant.
3 Faites chauffer 2 cuillerées à soupe d'huile d'olive sur feu moyen, ajoutez l'oignon et le poivron, et laissez cuire à couvert pendant 10 minutes. Incorporez l'ail, le piment en poudre et les tomates, et prolongez la cuisson de 10 minutes, à découvert, jusqu'à ce que les tomates aient réduit.
4 Ajoutez cette sauce, avec le persil, du sel et du poivre, au riz, et mélangez bien.
5 Badigeonnez d'huile le(s) moule(s) et disposez les tranches d'aubergine de manière à en recouvrir complètement le fond et les parois. Remplissez le(s) moule(s) de riz à l'aide d'une cuillère en tassant bien.
6 Placez la timbale au réfrigérateur, si vous souhaitez la servir froide, ou passez-la au four, recouverte de papier sulfurisé. Démoulez sur un grand plat, garnissez de basilic et servez.

PILAF DE LÉGUMES

Ce riz aux épices se marie fort bien avec des pommes de terre à l'indienne et des gombos aux épices (page 86). Pour 4 personnes.

INGRÉDIENTS

3 cuillerées à soupe d'huile d'olive
1 oignon moyen haché
250 g de carottes coupées en dés
2 gousses d'ail hachées
1 feuille de laurier
4 gousses de cardamome pilées
1/2 bâton de cannelle
350 g de riz à longs grains brun ou blanc
sel
125 g de petits pois surgelés, décongelés
250 g de petits champignons de Paris coupés en lamelles
poivre au moulin
coriandre ciselée

PRÉPARATION

1 Dans une casserole, faites chauffer 2 cuillerées à soupe d'huile sur feu moyen, mettez l'oignon et les carottes, faites cuire à couvert 10 minutes. Incorporez l'ail, la feuille de laurier et les épices.
2 Ajoutez le riz, 90 cl d'eau et 1 cuillerée à café de sel. Comptez environ 40 minutes pour la cuisson du riz brun, 20 pour celle du riz blanc.
3 Mettez les petits pois sur le riz, couvrez la casserole et retirez-la du feu. Laissez reposer 10 minutes.
4 Entre-temps, faites revenir les champignons dans le restant d'huile, de 5 à 10 minutes, jusqu'à évaporation complète de l'eau qu'ils ont rendue.
5 Incorporez les champignons au riz. Mélangez délicatement les ingrédients à l'aide d'une fourchette en bois, retirez la feuille de laurier et le bâton de cannelle. Assaisonnez à votre goût, parsemez de feuilles de coriandre ciselées et servez aussitôt.

PAELLA AUX LÉGUMES

*Variez à votre guise les légumes, en choisissant
de préférence des espèces rapides à cuire, comme la
courgette, que vous ajouterez sur le riz vers la fin
de la cuisson. Traditionnellement, ce plat est coloré
avec du safran ; à défaut, vous pouvez utiliser
du curcuma, qui donne des résultats similaires.
Pour 4 personnes.*

INGRÉDIENTS

*6 pistils de safran ou 1/4 de cuillerée à café
de curcuma (voir ci-dessus)
4 cuillerées à soupe d'huile d'olive
2 gros oignons hachés
250 g de carottes coupées en rondelles
1 poivron vert et 1 rouge, épépinés et coupés en lanières
1 aubergine émincée
2 gousses d'ail hachées
350 g de riz à grains ronds
400 g de tomates pelées entières (en boîte)
sel et poivre noir au moulin
persil plat ciselé*

PRÉPARATION

1 Si vous utilisez du safran, faites tremper les pistils
dans 30 cl d'eau bouillante pendant 20 minutes.
2 Dans une grande casserole, faites chauffer l'huile
d'olive sur feu moyen, mettez les oignons, couvrez
et laissez cuire 10 minutes environ.
3 Ajoutez les carottes, les poivrons, l'aubergine,
l'ail et le riz, sans cesser de remuer pendant 3 à
4 minutes, jusqu'à ce que les grains deviennent
transparents.
4 Ajoutez les tomates et le safran avec son eau de
trempage, ou le curcuma avec 30 cl d'eau bouillante.
Mélangez bien le tout. Salez abondamment —
2 cuillerées à café environ — et poivrez très
légèrement.
5 Portez le mélange à ébullition, puis baissez le feu
et laissez mijoter à couvert pendant 20 minutes
environ, jusqu'à ce que le riz soit cuit et que l'eau
ait été complètement absorbée. Retirez la casserole
du feu et laissez reposer, toujours à couvert, pendant
encore 10 minutes. Vérifiez l'assaisonnement,
parsemez de persil haché et servez.

RISOTTO AUX CHAMPIGNONS

Les bolets séchés donnent au risotto une saveur incomparable. Vous pouvez toutefois utiliser d'autres légumes tels que des petits pois extra-fins ou des cœurs d'artichauts, mélangés au riz en fin de cuisson. Il est également possible de remplacer une partie de l'eau de cuisson (15 cl) par le même volume de vin blanc, qui sera versé à la phase 3 de la préparation. Ce plat doit avoir une consistance onctueuse, le riz gardant cependant une certaine fermeté. Pour 4 personnes.

INGRÉDIENTS

10 g de bolets séchés
4 cuillerées à soupe d'huile d'olive
2 gros oignons hachés
2 gousses d'ail hachées
350 g de riz à grains ronds
350 g de pleurotes
15 g de beurre
noix muscade fraîchement râpée
sel et poivre au moulin
persil plat ciselé

PRÉPARATION

1 Faites tremper les bolets séchés, recouverts d'eau bouillante, dans un petit bol.
2 Dans une casserole, faites chauffer 3 cuillerées à soupe d'huile d'olive, mettez les oignons et laissez cuire 10 minutes à couvert. Ajoutez l'ail et le riz, et remuez quelques minutes.
3 Passez les bolets au chinois et récupérez leur eau de trempage, débarrassée de toute impureté. Ajoutez de l'eau pour obtenir 1 l et faites-la chauffer dans une casserole à feu moyen.
4 Hachez les bolets et incorporez-les au riz. Prélevez 1 louche d'eau, mouillez-en le riz, remuez et attendez l'absorption complète du liquide avant d'en verser une autre louche. Continuez ainsi jusqu'à ce que le risotto ait pris une consistance crémeuse.
5 Faites revenir les pleurotes dans le beurre et le restant d'huile jusqu'à ce qu'ils soient tendres : 4 minutes environ. Mélangez-les délicatement au riz. Ajoutez la noix muscade, le sel et le poivre, et parsemez de persil haché.

PILAF DE BOULGHOUR AUX PIGNONS ET AUX RAISINS

Ce plat de boulghour — blé concassé — aux pignons et aux fruits secs est très apprécié en Turquie. Pour 4 personnes.

INGRÉDIENTS

15 g de beurre
1 cuillerée à soupe d'huile d'olive
1 oignon moyen haché
2 gousses d'ail hachées
250 g de blé concassé (boulghour)
1 cuillerée à café de sel marin
60 g de pignons de pin
60 g de raisins secs de Smyrne ou de Corinthe
persil plat ciselé
poivre au moulin

PRÉPARATION

1 Dans une grande casserole, faites fondre le beurre avec l'huile sur feu moyen, mettez-y l'oignon et faites cuire à couvert pendant 5 minutes.
2 Incorporez l'ail et le boulghour, mélangez-les bien à l'huile et à l'oignon, ajoutez 60 cl d'eau bouillante et le sel. Couvrez la casserole et remettez-la au feu jusqu'à absorption complète du liquide : environ 15 minutes pour que le boulghour soit cuit.
3 Pendant ce temps, étalez les pignons sur la plaque du four et faites-les dorer au gril en les remuant.
4 Ajoutez au boulghour les pignons, les raisins secs et le persil, et mélangez. Goûtez, poivrez et servez.

TRIO DE RIZ

Couleurs, saveurs et textures se mêlent en une délicate harmonie pour un accompagnement raffiné. Pour 4 personnes.

INGRÉDIENTS

125 g de riz brun
60 g de riz sauvage
1/4 de cuillerée à café de sel marin
60 g de riz basmati

PRÉPARATION

1 Mettez le riz brun et le riz sauvage dans une casserole contenant 45 cl d'eau salée. Portez à ébullition, couvrez, baissez le feu et faites cuire 40 minutes, jusqu'à ce que les grains soient tendres.
2 Faites cuire le riz basmati 10 minutes dans de l'eau. Égouttez et rincez à l'eau chaude.
3 Mélangez les riz à l'aide d'une fourchette en bois.

RIZ AU CITRON

*Ce riz est relevé d'une pointe citronnée.
Pour 4 personnes.*

INGRÉDIENTS

*250 g de riz à longs grains brun ou blanc, rincé
1/2 cuillerée à café de curcuma
1/4 de cuillerée à café de sel marin
le jus et le zeste râpé de 1/2 citron
poivre au moulin*

PRÉPARATION

1 Dans une casserole contenant 60 cl d'eau, mettez le riz, le curcuma et le sel. Portez à ébullition.
2 Faites cuire à couvert, jusqu'à ce que le riz soit tendre et que l'eau ait été absorbée : 40 minutes pour le riz brun, 20 minutes pour le riz blanc.
3 Ajoutez le jus et un zeste de citron, puis mélangez à l'aide d'une fourchette en bois. Poivrez à votre convenance.

RIZ À LA NOIX DE COCO

D'une consistance onctueuse et d'une saveur légèrement sucrée, ce riz s'accorde bien avec les plats de légumes épicés. Pour 4 personnes.

INGRÉDIENTS

*250 g de riz à longs grains brun ou blanc, rincé
1/4 de cuillerée à café de sel marin
60 g de pulpe de noix de coco râpée
poivre au moulin*

PRÉPARATION

1 Mettez le riz dans une casserole contenant 60 cl d'eau salée. Portez à ébullition.
2 Incorporez la noix de coco, couvrez et faites cuire jusqu'à absorption complète de l'eau. Comptez 40 minutes pour la cuisson du riz brun, 20 minutes pour celle du riz blanc.
3 Remuez doucement à la fourchette en bois. Poivrez selon votre goût.

RIZ AUX HERBES

Voici un riz estival qui accompagne fort bien les plats de légumes, comme la ratatouille, et qui est aussi bon chaud que froid. Pour 4 personnes.

INGRÉDIENTS

*250 g de riz à longs grains brun ou blanc, rincé
1/4 de cuillerée à café de sel marin
6 cuillerées à soupe de fines herbes (persil, menthe,
ciboulette, estragon) hachées menu
poivre au moulin*

PRÉPARATION

1 Mettez le riz dans une casserole contenant 60 cl d'eau salée. Portez à ébullition.
2 Faites cuire à feu très doux, à couvert, jusqu'à ce que le riz soit tendre et que toute l'eau ait été absorbée.
3 Incorporez les fines herbes en mélangeant avec une fourchette en bois. Poivrez à votre convenance.

RIZ AUX ÉPICES

Si vous en trouvez, utilisez du riz basmati brun plutôt que du blanc : il a un délicieux petit goût de noisette. Pour 4 personnes.

INGRÉDIENTS

*250 g de riz basmati, rincé
1 feuille de laurier
épices : 1/2 bâton de cannelle, 2 ou 3 gousses
de cardamome pilées, 1 cuillerée à café de cumin
1/4 de cuillerée à café de sel marin
poivre au moulin*

PRÉPARATION

1 Portez à ébullition 60 cl d'eau, mettez le riz, les épices, la feuille de laurier et le sel.
2 Faites cuire à couvert, jusqu'à ce que les grains soient tendres : 20 minutes pour le riz brun, de 10 à 12 minutes pour le riz blanc.
3 Poivrez à votre convenance.

ROULADE AUX HARICOTS ROUGES À LA CRÈME AIGRE

Cette roulade originale ne contient ni œufs ni fromage. Vous pouvez remplacer la crème aigre et le fromage blanc par de la purée d'avocat (page 123). Voir l'illustration page 37. Pour 6 personnes en entrée, pour 4 en plat principal.

INGRÉDIENTS

2 cuillerées à soupe d'huile d'olive
1 oignon moyen haché
2 poivrons rouges, épépinés et hachés
400 g de tomates pelées entières en conserve
1 pincée de piment en poudre
2 x 400 g de haricots rouges en boîte, égouttés
125 g de chapelure fraîche
sel et poivre au moulin

GARNITURE

250 g de fromage blanc égoutté (de type faisselle)
15 cl de crème aigre
3 cuillerées à soupe de coriandre ciselée

PRÉPARATION

1 Préchauffez le four à 200 °C (thermostat 6). Tapissez un moule rectangulaire peu profond de 22 x 32 cm de papier sulfurisé, préalablement graissé, que vous laisserez déborder de quelques centimètres sur le bord.

2 Dans une grande casserole, faites chauffer l'huile à feu moyen, mettez-y l'oignon et faites cuire 5 minutes à couvert. Ajoutez les poivrons, couvrez à nouveau et prolongez la cuisson de 5 minutes.

3 Ajoutez les tomates, le piment et faites réduire le mélange à découvert 15 minutes environ.

4 Versez les haricots dans le bol d'un robot électrique avec les tomates et la chapelure. Assaisonnez et actionnez l'appareil.

5 Étalez uniformément la pâte de haricots dans le moule, en lissant la surface à l'aide d'une spatule. Faites cuire cette pâte dans le four préchauffé, de 10 à 15 minutes.

6 Préparez la garniture en mélangeant le fromage blanc égoutté, la crème aigre et la coriandre.

7 Étalez sur un plan de travail une feuille de papier sulfurisé. Sortez la pâte du four et retournez-la sur cette feuille. Décollez alors le papier sulfurisé sur lequel elle a cuit.

8 Répartissez la garniture sur la pâte de haricots, roulez-la ensuite délicatement en commençant par l'un des côtés courts du rectangle. Coupez la roulade en tranches et servez avec précaution. Il vous sera peut-être nécessaire de remodeler les tranches, très friables, à l'aide d'une pelle à tarte.

RAGOÛT DE HARICOTS ROUGES AU CHILI

Cette version du « chili con carne » est l'un des plats les plus rapides à préparer et l'un des plus appréciés. En fin de cuisson, écrasez un peu les haricots pour donner au ragoût une consistance plus épaisse, avant de le servir accompagné de riz ou de pommes de terre. Pour 4 personnes.

INGRÉDIENTS

4 cuillerées à soupe d'huile d'olive
2 poivrons verts ou rouges, épépinés, débarrassés des côtes blanches et coupés en dés
2 chilis (piments) verts, frais, finement hachés
2 gousses d'ail hachées
1 cuillerée à soupe de graines de cumin
2 x 400 g de tomates pelées entières en boîte
2 x 400 g de haricots rouges en boîte
sel et poivre au moulin

PRÉPARATION

1 Dans une casserole, faites chauffer de l'huile, mettez les oignons et laissez cuire 5 minutes à couvert. Ajoutez les poivrons, couvrez à nouveau et prolongez la cuisson de 5 minutes.

2 Incorporez les chilis hachés, l'ail et le cumin, mélangez, puis ajoutez les tomates.

3 Égouttez les haricots en réservant le liquide. Si nécessaire, allongez-le d'eau pour obtenir 15 cl. Versez les haricots et le liquide dans la casserole.

4 Portez à ébullition, couvrez la casserole et laissez mijoter de 15 à 20 minutes. Salez, poivrez et servez très chaud.

RAGOÛT DE LENTILLES AUX ÉPINARDS

Ce plat se marie bien avec les pommes de terre à l'indienne (page 86), le riz aux épices (page 115) ou les gombos aux épices (page 86). Pour 4 personnes.

INGRÉDIENTS

2 cuillerées à soupe d'huile d'olive
2 oignons moyens hachés
2 chilis verts, frais, épépinés et finement hachés
2 gousses d'ail hachées
2 cuillerées à soupe de cumin moulu
1/4 de cuillerée à café de curcuma
3 ou 4 gousses de cardamome pilées
125 g de lentilles rouges
500 g de jeunes feuilles d'épinard
sel et poivre au moulin

PRÉPARATION

1 Dans une casserole, faites chauffer l'huile et mettez les oignons; laissez cuire 10 minutes à couvert. Ajoutez les piments, l'ail, le cumin, le curcuma et la cardamome, et prolongez la cuisson de 1 minute.
2 Jetez les lentilles dans la casserole avec 45 cl d'eau. Portez à ébullition, baissez le feu et faites cuire à couvert de 20 à 30 minutes.
3 Vers la fin de la cuisson des lentilles, préparez les épinards. Lavez-les, essorez-les et mettez-les dans une casserole avec, pour seule eau, les quelques gouttes restées sur les feuilles. Faites cuire 7 minutes environ. Égouttez bien.
4 Mélangez les épinards avec les lentilles, assaisonnez généreusement et servez.

POLENTA

La polenta est une préparation à base de farine de maïs, délicieuse en galettes frites et servies avec une sauce tomate (page 121). Pour 4 personnes.

INGRÉDIENTS

250 g de farine de maïs
1 cuillerée à soupe de sel
huile d'olive pour la friture
parmesan râpé et quartiers de citron

PRÉPARATION

1 Versez la farine de maïs avec le sel dans une casserole de taille moyenne, ajoutez 1 l d'eau froide et mélangez jusqu'à obtention d'une purée homogène. Portez à ébullition en remuant doucement. Baissez le feu et laissez cuire la polenta 30 minutes environ, jusqu'à ce qu'elle épaississe.

2 Étalez-la sur la plaque du four en une épaisseur de 1 cm et laissez refroidir.
3 Faites chauffer un peu d'huile d'olive dans une poêle. Coupez la polenta en galettes carrées et faites-les frire sur leurs deux faces jusqu'à ce qu'elles soient croustillantes et dorées. Épongez-les sur du papier absorbant.
4 Dressez les galettes sur un plat préalablement chauffé, et servez avec du parmesan râpé et des quartiers de citron.

FALAFELS

Cette recette est rapide et facile à faire. Servez les falafels accompagnés de pittas, d'une salade mixte et de yaourt à la coriandre ou à l'aneth frais. Pour 4 personnes, en entrée ou en garniture.

INGRÉDIENTS

400 g de pois chiches en boîte, égouttés
1 échalote ou 1 petit oignon
1 gousse d'ail hachée
1/2 cuillerée à café de cumin moulu
1 pincée de piment de Cayenne
ou de chili en poudre
1 œuf battu
1 cuillerée à soupe de farine
sel et poivre au moulin
huile d'arachide, pour la friture
huile d'olive et jus de citron

PRÉPARATION

1 Réduisez les pois chiches en purée avec l'échalote ou l'oignon, soit manuellement, soit à l'aide d'un robot électrique.
2 Incorporez l'ail, le cumin le piment de Cayenne ou le chili, l'œuf et la farine, et mélangez-les pour former une pâte. Salez et poivrez à votre goût.
3 Versez de l'huile dans une casserole ou une friteuse à hauteur de 7,5 cm environ et faites-la chauffer sur feu vif.
4 Farinez-vous les mains, prélevez de petites quantités de purée de pois chiches et roulez-les en boulettes bien régulières. Servez-vous d'une écumoire pour en plonger plusieurs à la fois dans la friture. Faites-les frire environ 2 minutes, en les retournant avec l'écumoire, jusqu'à ce qu'elles soient uniformément croustillantes et dorées.
5 Épongez les falafels sur du papier absorbant. Ne les couvrez pas — cela les ramollit — mais au besoin gardez-les au chaud dans le four.
6 Poursuivez jusqu'à épuisement de la purée de pois chiches. Servez chaud, arrosé de jus de citron et d'un peu d'huile d'olive.

Couscous aux Carottes, aux Courgettes et aux Abricots

Voici une version des plus originales du couscous traditionnel ! Il est servi avec un ragoût de légumes, légèrement épicé, qui varie dans sa composition, mais dont la constante sera des pois chiches et parfois des légumes secs. Servez-le accompagné d'un choix de condiments présentés dans des petits bols : dés de concombre, yaourt crémeux, amandes grillées, raisins secs, ainsi que de harissa.
Pour 4 personnes.

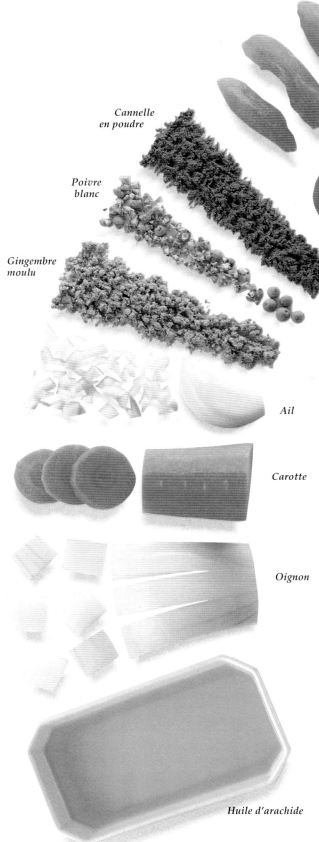

Cannelle
en poudre

Poivre
blanc

Gingembre
moulu

Ail

Carotte

Oignon

Huile d'arachide

INGRÉDIENTS

3 cuillerées à soupe d'huile d'arachide
1 gros oignon haché
250 g de carottes coupées en rondelles
2 gousses d'ail hachées
1 cuillerée à café de gingembre moulu
1/4 de cuillerée à café de poivre blanc
1/4 de cuillerée à café de cannelle en poudre
125 g d'abricots secs, coupés en tranches
400 g de pois chiches en conserve, égouttés
250 g de courgettes coupées en rondelles
1 1/2 cuillerée à café de sel
350 g de couscous
45 g de beurre
persil plats haché

PRÉPARATION

1 Dans une casserole, faites chauffer 2 cuillerées à soupe d'huile d'arachide, ajoutez-y l'oignon et les carottes, et laissez cuire à couvert 10 minutes.
2 Incorporez l'ail, le gingembre, le poivre et la cannelle, couvrez et faites cuire 2 minutes de plus.
3 Ajoutez les abricots et les pois chiches dans la casserole et versez-y 1 l d'eau. Portez à ébullition, puis laissez mijoter 20 minutes environ, jusqu'à ce que les carottes et les abricots soient tendres et que le liquide épaississe.
4 Incorporez les courgettes, couvrez à nouveau et prolongez la cuisson de 10 minutes environ.
5 Pendant ce temps, préparez la graine. Dans une grande casserole, versez 35 cl d'eau, ajoutez le reste d'huile et 1 1/2 cuillerée à café de sel. Portez à ébullition. Quand l'eau bout, retirez la casserole du feu et mettez-y la semoule. Laissez-la gonfler pendant 2 minutes. Ajoutez le beurre, puis replacez la casserole sur le feu 3 minutes, sans cesser de remuer à l'aide d'une fourchette.
6 Vérifiez l'assaisonnement des légumes, parsemez de persil haché et servez avec le couscous.

Abricots secs

Pois chiches

Courgette

Gros sel

Couscous

Beurre

Persil plat

LES SAUCES

L a réussite d'un plat dépend pour beaucoup du choix de la sauce, auquel doit présider l'accord des saveurs. Froide ou chaude, émulsionnée ou liée au jaune d'œuf ou à la crème fraîche, la sauce met en valeur le goût des aliments et personnalise l'assaisonnement. Légères et onctueuses, ou de consistance plus riche, les sauces proposées ici transformeront les mets les plus simples, les terrines (pages 12-13), par exemple, en plats dignes des meilleures tables.

SAUCE AU POIVRON

Pour confectionner cette succulente sauce, vous pouvez utiliser un poivron rouge, jaune ou vert, c'est une affaire de goût ! Elle est parfaite pour accompagner de nombreux plats, et, selon la saveur désirée, vous choisirez du beurre ou de l'huile d'olive pour la préparer. Pour 4 personnes.

INGRÉDIENTS

1 gros poivron épépiné
30 cl de bouillon de légumes (page 42) ou d'eau
1 gousse d'ail pelée ou 1 branche de thym
(facultatif)
30 g de beurre ou 2 cuillerées
à soupe d'huile d'olive
sel et poivre au moulin
1 pincée de poivre de Cayenne ou de piment
en poudre (facultatif)

PRÉPARATION

1 Coupez grossièrement le poivron en morceaux de taille égale et mettez-les dans une casserole; couvrez-les à hauteur de bouillon ou d'eau, ajoutez l'ail ou le thym et portez à ébullition. Baissez le feu, couvrez et laissez frémir 10 minutes, jusqu'à ce que le poivron devienne tendre. Retirez l'ail ou le thym de la casserole.
2 Mettez le poivron, avec le liquide de cuisson, dans le bol d'un robot électrique et réduisez-le en purée.
3 Ajoutez le beurre ou l'huile, puis actionnez de nouveau l'appareil.
4 Passez la sauce obtenue à travers une passoire ou un chinois.
5 Cette sauce se sert chaude ou froide, en saucière, mais on peut également la répartir dans chaque assiette.

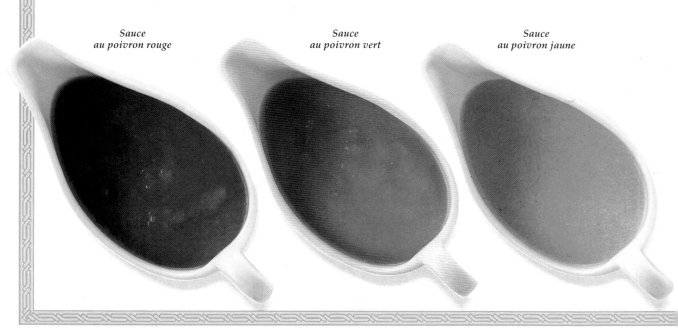

Sauce au poivron rouge

Sauce au poivron vert

Sauce au poivron jaune

SAUCE AUX TOMATES FRAÎCHES

Pour un meilleur résultat, utilisez un robot électrique. Pour 30 cl.

INGRÉDIENTS

1 cuillerée à soupe d'huile d'olive
1 petit oignon pelé et finement haché
1 gousse d'ail pelée et hachée (facultatif)
1 kg de tomates pelées et coupées en quatre
sel de mer

PRÉPARATION

1 Faites chauffer l'huile dans une casserole, sur feu modéré; ajoutez l'oignon et l'ail, le cas échéant. Couvrez et laissez cuire pendant 4 minutes.
2 Ajoutez les tomates, baissez le feu, couvrez et laissez mijoter pendant 15 minutes. Retirez la casserole du feu et laissez refroidir.
3 Versez les tomates dans le bol d'un robot électrique et réduisez-les en purée. Passez celle-ci, à travers une passoire ou un chinois, dans la casserole. Salez. Cette sauce se sert chaude ou froide.

SAUCE AUX TOMATES SÉCHÉES

Cette sauce, au parfum prononcé, se prépare dans un robot électrique. Pour 30 cl.

INGRÉDIENTS

2 cuillerées à soupe d'huile de tomates séchées ou d'olive
1 petit oignon pelé et finement haché
1 gousse d'ail pelée et hachée (facultatif)
400 g de tomates en conserve grossièrement concassées, avec leur jus
4 tomates séchées, avec leur huile de macération
2 cuillerées à café de vinaigre balsamique
sel et poivre au moulin

PRÉPARATION

1 Faites chauffer l'huile dans une casserole, sur feu modéré; ajoutez l'oignon et l'ail, le cas échéant. Couvrez et laissez cuire pendant 4 minutes.
2 Incorporez les tomates séchées puis baissez le feu. Faites mijoter, à découvert, pendant 15 minutes, jusqu'à ce que tout le liquide se soit évaporé.
Ôtez la casserole du feu et laissez refroidir.
3 Mettez les tomates dans le bol d'un robot électrique et réduisez-les en purée. Passez celle-ci, à travers une passoire, dans la casserole, puis versez le vinaigre. Assaisonnez selon le goût. Cette sauce se sert chaude ou froide.

SAUCE TOMATE DES QUATRE SAISONS

Hors saison, ou à défaut de tomates fraîches, cette sauce, particulièrement savoureuse, sera parfaite pour accommoder les pâtes, les pizzas ou les lasagne, par exemple. Pour 30 cl.

INGRÉDIENTS

1 cuillerée à soupe d'huile d'olive
1 petit oignon pelé et finement haché
1 gousse d'ail pelée et hachée (facultatif)
400 g de tomates en conserve, avec leur jus
sel de mer

PRÉPARATION

1 Faites chauffer l'huile dans une casserole, sur feu modéré; ajoutez l'oignon et l'ail, le cas échéant. Couvrez et laissez cuire pendant 4 minutes.
2 Incorporez les tomates, avec leur jus. Baissez le feu et faites mijoter, à découvert, 15 minutes. Ôtez la casserole du feu et laissez refroidir.
3 Mettez les tomates dans le bol d'un robot électrique et réduisez-les en purée. Passez celle-ci, à travers une passoire, dans la casserole. Salez. Cette sauce se sert chaude ou froide.

SAUCE AU VIN ROUGE

L'idéal pour un plat de fête! Pour 30 cl.

INGRÉDIENTS

60 g de beurre
2 échalotes pelées et finement hachées
2 cuillerées à café de thym émietté
1 gousse d'ail pelée et hachée (facultatif)
30 cl de vin rouge
3 cuillerées à soupe de porto
1/2 cuillerée à café de bouillon-cube de légumes écrasé
sel et poivre au moulin

PRÉPARATION

1 Faites fondre la moitié du beurre sur feu modéré. Mettez le reste au réfrigérateur.
2 Ajoutez les échalotes, le thym et l'ail, le cas échéant. Couvrez et faites mijoter 5 minutes. Versez le vin, le porto, incorporez le bouillon-cube, assaisonnez généreusement et portez à ébullition. Laissez réduire de moitié.
3 Sortez le beurre du réfrigérateur et coupez-le en petits dés que vous ajouterez à la sauce au moment de servir, en fouettant, jusqu'à obtention d'une émulsion.

MAYONNAISE

*Il n'est pas difficile de réussir une mayonnaise,
à l'aide d'un robot électrique ou à la main, comme
ci-dessous, pour peu que l'on utilise des ingrédients
à température ambiante. Pour 20 cl.*

INGRÉDIENTS

*2 jaunes d'œufs
1 cuillerée à café de moutarde
sel et poivre au moulin
2 cuillerées à café de vinaigre
2 cuillerées à café de jus de citron
20 cl d'huile d'arachide ou d'olive*

PRÉPARATION

1 Mettez tous les ingrédients, sauf l'huile, dans le bol d'un robot électrique. Actionnez l'appareil à vitesse moyenne, pendant 1 minute.
2 Augmentez la vitesse au maximum, puis versez la moitié de l'huile, goutte à goutte.

3 Quand la mayonnaise est assez épaisse, incorporez le reste d'huile en filet.
4 Goûtez et rectifiez l'assaisonnement. Si la mayonnaise vous semble trop épaisse, ajoutez 1 ou 2 cuillerées à café d'eau bouillante. Utilisez aussitôt de préférence, sinon conservez la mayonnaise au réfrigérateur, pendant 3 jours maximum, en veillant à la couvrir d'un film plastique pour éviter la formation d'une pellicule.

VARIANTES

MAYONNAISE AUX HERBES Ajoutez 2 à 4 cuillerées à soupe de fines herbes hachées : un mélange de persil et de ciboulette, par exemple, auquel vous ajoutez, au choix, de la coriandre pour accommoder un plat de céréales, de l'estragon pour accommoder une salade, du basilic ou de la menthe.
MAYONNAISE À L'AIL (AÏOLI) Hachez 1 à 4 gousses d'ail pelées et mettez-les dans le robot, à la phase 1.

FAIRE UNE MAYONNAISE À LA MAIN

  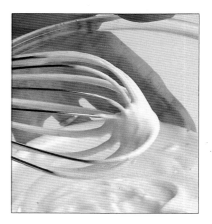

1 *Fouettez tous les ingrédients, sauf l'huile. Ajoutez la moitié de l'huile, goutte à goutte, sans cesser de fouetter. Un linge placé sous le récipient l'empêchera de glisser.*

2 *Quand la mayonnaise commence à épaissir, incorporez le reste d'huile en filet, en battant plus vigoureusement, jusqu'à obtention d'une émulsion plus légère.*

3 *La mayonnaise doit être bien ferme. Si elle tourne, mettez un jaune d'œuf dans un bol et ajoutez la mayonnaise, petit à petit, sans cesser de battre.*

Pour obtenir une délicieuse mayonnaise aux herbes, hachez finement du persil et de la ciboulette. Une autre variante, avec du basilic, se marie bien avec les plats à base de tomates.

Ciboulette

Persil

Basilic

Sauce Hollandaise au Vin Blanc

Pour 20 cl.

INGRÉDIENTS

2 cuillerées à soupe de vinaigre de vin blanc
3 cuillerées à soupe d'eau
250 g de beurre
2 jaunes d'œufs
sel et poivre au moulin

PRÉPARATION

1 Dans une casserole, portez à ébullition le vinaigre et l'eau. Faites réduire, sur feu doux, jusqu'à ce qu'il ne reste plus que 1 cuillerée à soupe de liquide. Laissez refroidir.
2 Faites ramollir le beurre, près d'une source de chaleur, ou dans une petite casserole, sur feu doux.
3 Mettez les jaunes d'œufs et le vinaigre réduit dans le bol d'un robot électrique et actionnez jusqu'à obtention d'un mélange homogène.
4 Réduisez la vitesse au minimum, puis ajoutez le beurre, petit à petit. Lorsque la préparation commence à épaissir, ajoutez-le plus rapidement. Assaisonnez selon le goût. Servez aussitôt, ou réservez au chaud, au bain-marie.
SAUCE HOLLANDAISE MONTÉE À LA MAIN
Faites réduire le vinaigre et l'eau (phase 1). Dans une casserole placée au bain-marie, à feu doux, mettez les jaunes d'œufs, le vinaigre réduit, le sel et le poivre; fouettez 3 à 5 minutes jusqu'à obtention d'un mélange onctueux. Incorporez le beurre coupé en dés, petit à petit, en fouettant jusqu'à absorption totale à chaque fois; la sauce épaissira au fur et à mesure que vous l'ajouterez. Servez aussitôt, ou réservez au chaud, au bain-marie.

VARIANTES

SAUCE MALTAISE À la phase 1, remplacez le vinaigre par le jus d'une orange, sanguine de préférence. Faites réduire le liquide à 2 cuillerées à soupe, puis ajoutez 1 cuillerée à café de zeste râpé, préalablement blanchi. Traditionnellement, cette sauce est servie avec des asperges.
HOLLANDAISE AUX HERBES Au moment de servir, incorporez à la sauce 2 cuillerées à café d'un mélange, par exemple, de persil, estragon et cerfeuil finement hachés. Cette sauce convient aux légumes cuits à la vapeur et aux préparations telles que la roulade aux noix de cajou et aux brocolis (voir page 96).
HOLLANDAISE À LA MOUTARDE Il suffit d'ajouter, à la phase 1, 1 cuillerée à café de moutarde pour obtenir une sauce plus relevée.

Pesto à la Génoise (Pistou)

Pour donner plus d'onctuosité à cette sauce italienne très parfumée, ajoutez un peu d'eau chaude. Pour 15 cl.

INGRÉDIENTS

1 gousse d'ail pelée
30 g de pignons de pin
6 cuillerées à soupe de feuilles de basilic hachées
30 g de parmesan râpé
5 cuillerées à soupe d'huile d'olive
sel et poivre au moulin

PRÉPARATION

Mettez tous les ingrédients dans le bol d'un robot électrique et actionnez l'appareil.
PESTO FAIT À LA MAIN Écrasez l'ail dans un mortier, avec un pilon. Ajoutez les pignons de pin et réduisez-les en pâte. Mettez le basilic et le parmesan, pilez jusqu'à obtention d'une crème épaisse, puis montez le pesto en versant l'huile d'olive en filet, sans cesser de battre.

Sauce aux Herbes Express

Cette sauce, légère et savoureuse, est rapide à préparer. Pour 20 cl.

INGRÉDIENTS

4 cuillerées à soupe d'herbes fraîches hachées
(ciboulette ou persil plat, par exemple)
20 cl de crème liquide ou de yaourt grec
sel et poivre au moulin

PRÉPARATION

Dans un grand bol, mélangez soigneusement tous les ingrédients. Utilisez aussitôt ou réservez au réfrigérateur jusqu'au moment de servir.

Sauce à l'Avocat

Variante du délicieux guacamole mexicain.
Pour 20 cl.

INGRÉDIENTS

1 gros avocat bien mûr coupé en deux et dénoyauté
1 ou 2 cuillerées à soupe de jus de citron
sel et poivre au moulin

PRÉPARATION

Prélevez la pulpe de l'avocat avec une petite cuillère et mettez-la dans un grand bol. Versez le jus de citron, salez et poivrez, puis écrasez avec une fourchette, jusqu'à obtention d'une fine purée.

LES DESSERTS

Point d'orgue du repas, le dessert doit combler l'œil et le palais. Voici une sélection de crème au chocolat classique et de tartes traditionnelles, de sorbets aux saveurs exotiques, d'entremets légers à base de fruits et de délicieuses glaces maison, qui sauront ravir le gourmet le plus exigeant.

POIRES POCHÉES À LA VANILLE

Les poires pochées peuvent être servies telles quelles ou accompagnées d'une glace à la vanille (voir recette ci-contre) ou encore nappées d'une sauce au chocolat (voir ci-dessous). Pour 4 personnes.

INGRÉDIENTS

175 g de sucre en poudre
le zeste de 1/2 citron
1 gousse de vanille
30 cl d'eau
4 poires pelées, avec leur queue

PRÉPARATION

1 Mettez le sucre dans une grande casserole, avec le zeste de citron, la gousse de vanille fendue en deux et l'eau, et faites-le fondre sur feu moyen.
2 Posez les poires dans le sirop, laissez frémir, puis baissez le feu, couvrez et faites cuire de 20 à 30 minutes. Quand les poires sont tendres, sortez-les de la casserole avec une écumoire, et dressez-les sur un plat de service.
3 Augmentez le feu et laissez bouillir 5 minutes environ, jusqu'à ce que le liquide réduise et forme un sirop. Retirez le zeste de citron et versez le sirop avec la gousse de vanille sur les poires. Laissez refroidir et mettez le plat au réfrigérateur avant de servir.

SAUCE AU CHOCOLAT

INGRÉDIENTS

250 g de chocolat noir coupé en morceaux
60 g de beurre
3 cuillerées à soupe d'eau

PRÉPARATION

1 Placez tous les ingrédients dans un bol au bain-marie. Laissez fondre le chocolat, en remuant de temps en temps.
2 Retirez du bain-marie et travaillez le mélange en crème. Servez chaud.

GLACE À LA VANILLE

Pour obtenir du sucre vanillé, coupez en deux une gousse de vanille et enfouissez chaque moitié dans un récipient rempli de sucre. Quand vous utiliserez le sucre, ajoutez de la vanille. Cette glace doit se déguster dans les 48 heures.

INGRÉDIENTS

30 cl de crème fraîche liquide
1 gousse de vanille
4 jaunes d'œufs
90 g de sucre vanillé (voir préparation ci-dessus)
quelques gouttes d'extrait de vanille
30 cl de crème fraîche épaisse

PRÉPARATION

1 Versez la crème liquide dans une casserole, ajoutez la gousse de vanille et portez à ébullition. Ôtez la casserole du feu, couvrez et laissez infuser.
2 Battez les jaunes d'œufs en mousse avec le sucre, pendant 2 à 3 minutes.
3 Reportez la crème fraîche à ébullition et versez-la dans un tamis placé au-dessus du mélange de jaunes d'œufs et de sucre. Remuez bien. (Passez la gousse de vanille sous l'eau fraîche et séchez-la : elle pourra servir plusieurs fois).
4 Versez la préparation dans la casserole et faites chauffer à feu doux en tournant, 2 ou 3 minutes, jusqu'à ce qu'elle soit suffisamment épaisse pour napper le dos d'une cuillère. Évitez de faire bouillir. Ajoutez l'extrait de vanille, mélangez et laissez refroidir.
5 Fouettez la crème fraîche épaisse avant de l'incorporer à la préparation. Versez le tout dans un saladier et mettez au freezer de 15 à 30 minutes.
6 Sortez le saladier du freezer, fouettez de nouveau le mélange partiellement glacé, puis replacez-le au freezer pour 15 à 30 minutes. Répétez l'opération jusqu'à ce que la crème soit trop solide pour être battue. Remettez-la au freezer et faites-la glacer.
7 Retirez la glace du réfrigérateur environ 20 minutes avant de servir.

ROULADE AU CHOCOLAT ET AU GINGEMBRE

Pour 6 personnes.

INGRÉDIENTS

6 gros œufs, blancs et jaunes séparés
150 g de sucre en poudre
60 g de poudre de cacao
sucre glace
GARNITURE
30 cl de crème fraîche épaisse
6 cl de sirop de gingembre
4 morceaux de gingembre au sirop finement hachés

PRÉPARATION

1 Préchauffez le four à 190 °C (thermostat 5). Tapissez un moule de 22 x 32 cm d'une feuille de papier sulfurisé.
2 Battez les blancs d'œufs en neige dans un bol.
3 Dans un autre bol, travaillez en crème les jaunes et le sucre. Avec une cuillère, ajoutez la poudre de cacao et les blancs d'œufs progressivement.
4 Versez le mélange dans le moule, en le répartissant bien sur les bords. Faites cuire au four 15 minutes environ, jusqu'à ce qu'il monte, tout en restant légèrement ferme au centre. Le fond de roulade est prêt. Laissez-le refroidir dans le moule, où il se tassera, et retournez-le sur une feuille de papier sulfurisé saupoudrée de sucre glace, puis enlevez la feuille.
5 Préparez la garniture : fouettez la crème fraîche, puis versez le sirop de gingembre. Ajoutez le gingembre haché, mélangez et étalez la crème fouettée sur le fond de roulade, en laissant une bande de 1 cm sur le pourtour.
6 Roulez selon les indications de la page 95. Enveloppez la roulade dans du papier sulfurisé et laissez-la au frais pendant au moins 30 minutes avant de la découper. Servez avec une sauce au chocolat (recette page ci-contre).

BROWNIES AUX DEUX CHOCOLATS ET AUX NOISETTES

Ces petits gâteaux font le délice des amateurs de chocolat. Servez-les chauds, en dessert, avec de la crème fraîche ou du yaourt grec, ou froids, avec du café. Pour 12 pièces.

INGRÉDIENTS

150 g de chocolat noir à croquer (50 % cacao)
coupé en morceaux
60 g de beurre
2 œufs extra-frais
60 g de sucre roux
60 g de chocolat blanc en copeaux
60 g de noisettes passées rapidement sous le gril
et grossièrement concassées

PRÉPARATION

1 Préchauffez le four à 180 °C (thermostat 4). Tapissez un moule carré de 20 cm de côté avec une feuille de papier sulfurisé.
2 Mettez le chocolat et le beurre dans un bol au bain-marie. Laissez fondre en mélangeant de temps à autre.
3 Pendant ce temps, cassez les œufs dans un saladier et ajoutez le sucre. Battez en mousse épaisse, quelques instants avec un fouet électrique à vitesse maximale, 10 minutes environ avec un fouet mécanique. Les traces du fouet doivent rester visibles plusieurs secondes après son retrait.
4 Versez le mélange chocolat et beurre sur les œufs, et mélangez bien avec une cuillère, puis incorporez délicatement le chocolat blanc et les noisettes.
5 Mettez la préparation dans le moule et laissez cuire 25 minutes, jusqu'à ce qu'elle gonfle légèrement. La pointe d'un couteau plantée en son centre doit ressortir légèrement imprégnée. Croustillants sur le dessus, les brownies seront ainsi moelleux à l'intérieur.

GLACE AU MIEL ET À LA LAVANDE

Les fleurs de lavande donnent à cette glace un léger goût poivré, qui forme un agréable contraste avec la douceur du miel. Un miel de lavande très parfumé pourra remplacer les fleurs de lavande et le miel liquide ; supprimez alors la phase 1 de la recette.
Pour 4 personnes.

INGRÉDIENTS

30 cl de crème fraîche liquide
6 têtes de fleurs de lavande, plus quelques-unes pour la garniture
4 jaunes d'œufs
30 g de sucre en poudre
2 cuillerées à soupe de miel
30 cl de crème fraîche épaisse

PRÉPARATION

1 Mettez la crème fraîche liquide et les fleurs de lavande dans une casserole, et portez à ébullition. Retirez la casserole du feu, couvrez et laissez infuser.
2 Battez en mousse les jaunes d'œufs et le sucre, pendant 2 ou 3 minutes.
3 Reportez la crème à ébullition, puis versez-la dans une passoire sur les œufs et le sucre. Mélangez bien.
4 Remettez la préparation dans la casserole et faites-la réchauffer à feu doux, pendant 2 ou 3 minutes, en tournant sans cesse, jusqu'à ce qu'elle nappe le dos d'une cuillère. Évitez l'ébullition. Ajoutez le miel, mélangez bien et laissez refroidir.
5 Incorporez la crème fraîche épaisse, fouettée, à la préparation à la lavande. Versez dans un saladier et placez au freezer pour 15 à 30 minutes.
6 Retirez le mélange, légèrement durci sur les bords, et, après l'avoir à nouveau fouetté, remettez-le au freezer de 15 à 30 minutes. Répétez l'opération jusqu'à ce que la préparation soit trop solide pour être battue. Faites alors entièrement glacer.
7 Environ 20 minutes avant de servir, sortez la glace du réfrigérateur. Servez dans des coupes décorées de fleurs de lavande.

PARFAIT À L'AMARETTO ET AU COULIS DE FRAMBOISES

Le parfait n'a pas besoin d'être battu pendant son séjour au freezer. Suffisamment crémeux, il peut être servi dès sa sortie du réfrigérateur. Cette recette nécessite un fouet électrique.
Pour 4 à 6 personnes.

INGRÉDIENTS

6 jaunes d'œufs
150 g de sucre en poudre
60 cl d'amaretto
125 g d'amandes effilées, grillées et refroidies
60 cl de crème fraîche épaisse
COULIS
500 g de framboises fraîches ou surgelées
2 cuillerées à soupe de sucre en poudre
30 cl d'eau

PRÉPARATION

1 Dans un grand bol, battez les jaunes d'œufs en mousse épaisse.
2 Mettez le sucre et 60 cl d'eau dans une petite casserole, et faites chauffer doucement jusqu'à ce que le sucre ait entièrement fondu. Augmentez le feu et laissez bouillir. Arrêtez l'ébullition lorsque le sirop est assez épais pour former un ruban quand on en prélève une goutte.
3 Versez le sirop sur les jaunes d'œufs et battez constamment, pendant 5 minutes environ, jusqu'à ce que le mélange épaississe et refroidisse légèrement.
4 Ajoutez l'amaretto et une partie des amandes (le reste servira pour la décoration). Incorporez la crème, préalablement fouettée, à la préparation.
5 Disposez le tout dans un moule ou tout autre récipient adéquat, et faites glacer.
6 Pendant ce temps, préparez le coulis. Mettez les framboises dans le bol d'un robot électrique et réduisez-les en purée, puis versez-les dans une casserole. Vous pouvez aussi les écraser dans un tamis posé sur la casserole. Ajoutez le sucre et l'eau, placez sur feu moyen et portez à ébullition. Faites bouillir pendant 1 minute, retirez la casserole du feu et laissez refroidir.
7 Démoulez le parfait sur un plat de service, ou servez-le dans des coupes individuelles. Nappez de coulis de framboises et parsemez d'amandes.

SORBET À LA ROSE

Ce sorbet à la rose, très parfumé, sera meilleur avec des roses d'un rouge intense, particulièrement odorantes. Voir l'illustration page 129.
Pour 4 personnes.

INGRÉDIENTS

pétales de 4 belles roses rouges odorantes
250 g de sucre en poudre
30 cl d'eau
1 citron
pétales de roses pour la décoration

PRÉPARATION

1 Mettez les pétales de rose, le sucre et l'eau dans une casserole, et faites chauffer doucement jusqu'à ce que le sucre ait fondu, soit 5 minutes environ, puis retirez la casserole du feu et laissez refoidir.
2 Passez le mélange dans un tamis posé sur un bol, et ajoutez le jus du citron.
3 Versez la préparation dans un récipient et mettez au freezer, en remuant souvent pour éviter la formation de cristaux. Ne couvrez pas. Vous pouvez également faire glacer, sans remuer, en laissant le mélange au freezer 6 heures d'affilée, voire toute une nuit, et le concasser dans le bol d'un robot électrique. Mixez pendant 1 ou 2 minutes, jusqu'à ce que le sorbet ramollisse et devienne poudreux, et replacez-le au freezer.
4 Servez dans des coupes et décorez avec les pétales de rose.

SORBET AUX FRUITS DE LA PASSION ET AU CITRON VERT

Ce sorbet est délicatement parfumé. Il est conseillé d'y incorporer les graines des fruits de la Passion, qui lui donnent un certain croquant, ainsi qu'un joli aspect moucheté, mais vous pouvez les ôter en passant la préparation au tamis. Pour 4 personnes.

INGRÉDIENTS

250 g de sucre en poudre
30 cl d'eau
12 fruits de la Passion coupés en deux
1 citron vert

PRÉPARATION

1 Dans une casserole contenant la quantité d'eau indiquée, faites fondre le sucre à feu doux, puis augmentez la température et laissez bouillir pendant 3 ou 4 minutes environ, jusqu'à ce que

le mélange épaississe et forme un sirop. Retirez la casserole du feu et laissez refroidir.
2 Prélevez la pulpe des fruits de la Passion et ajoutez-la au sirop, après l'avoir éventuellement passée au tamis pour en ôter les graines.
3 Incorporez le zeste du citron coupé en fines lanières, en réservant les plus belles pour la décoration. Enveloppez celles-ci dans du film alimentaire pour éviter qu'elles ne se dessèchent. Pressez le citron et versez le jus dans la préparation. Mélangez bien.
4 Versez dans un récipient et mettez au freezer, en remuant souvent pour éviter la formation de cristaux. Ne couvrez pas. Vous pouvez également faire glacer entièrement, sans remuer, en laissant le sorbet au freezer 6 heures d'affilée, voire toute une nuit, et en le concassant ensuite dans le bol d'un robot électrique. Mixez pendant 1 ou 2 minutes, jusqu'à ce que le sorbet ramollisse et devienne poudreux, et replacez au freezer.
5 Servez dans des coupes et décorez avec les lanières de zeste de citron.

SALADE DE FRUITS EXOTIQUES

Tous les fruits exotiques que vous pourrez trouver seront les bienvenus, à condition qu'ils soient bien mûrs. Servez cette salade avec un sorbet à la rose ou aux fruits de la Passion (voir ci-contre), ou bien agrémentée de yaourt battu avec de la crème fraîche. Elle peut également se consommer nature, accompagnée de gâteaux secs. Pour 6 personnes.

INGRÉDIENTS

4 à 6 figues bien mûres
2 carambols
1 tranche de pastèque
1 belle mangue
1 petite papaye
1 grenade

PRÉPARATION

1 Coupez les figues en huit. Émincez les carambols. Épluchez la pastèque et débitez-la en tranches fines.
2 Pratiquez deux belles incisions sur la longueur de la mangue, chacune à 5 mm de la queue, de façon que chaque moitié se détache. Ôtez la peau et détaillez la chair en lamelles.
3 Ouvrez la papaye, enlevez-en les graines et, après l'avoir pelée, coupez-la en tranches fines.
4 Partagez la grenade en deux, retirez-en les pépins, ainsi que toutes les membranes.
5 Disposez les fruits sur un plat de service et parsemez des pépins de la grenade. Servez de suite.

Salade de fruits exotiques
(page 127)

Sorbet à la rose
(page 127)

Fraises à la Pavlov
(page 130)

FRAISES À LA PAVLOV

Cuite à très basse température, la meringue qui sert de support à cet entremets est fondante à l'intérieur et croustillante à l'extérieur. On peut remplacer les fraises par d'autres fruits bien juteux. Voir l'illustration pages 128-129. Pour 6 personnes.

INGRÉDIENTS

*3 blancs d'œufs
175 g de sucre en poudre
1 cuillerée à café d'extrait de vanille
1 cuillerée à café de Maïzena
1 cuillerée à café de vinaigre de vin blanc
30 cl de crème fraîche épaisse
250 à 350 g de petites fraises bien mûres, équeutées
(réservez les feuilles et quelques fraises
pour la décoration)*

PRÉPARATION

1 Préchauffez le four à 130 °C (thermostat 2 1/2). Tapissez une plaque à gâteau de papier sulfurisé.
2 Battez les blancs d'œufs en neige très ferme.
3 Passez le sucre au tamis et ajoutez-le, cuillerée par cuillerée, aux blancs d'œufs, sans cesser de fouetter, pour donner à la meringue son lustre et sa rigidité.
4 Ajoutez l'extrait de vanille, la Maïzena, le vinaigre, et mélangez délicatement avec une cuillère en métal.
5 Disposez la meringue sur la plaque à gâteau en six tas bien espacés. Étalez chaque tas de meringue en cercle, creusez au milieu, puis travaillez les bords avec une lame de couteau.
6 Faites cuire tout doucement de 1 heure à 1 h 30 environ. Laissez refroidir, puis décollez du papier.

 Les meringues seront conservées, dans du papier d'aluminium ou un récipient hermétique, jusqu'à 1 semaine dans un endroit sec.

7 Disposez les meringues sur des assiettes ou sur un plat de service. Fouettez la crème fraîche et tapissez-en le fond de chaque meringue.
8 Coupez les fraises en deux et posez-les sur la crème. Décorez le plat avec les feuilles et quelques fraises entières. Servez de suite ou placez au réfrigérateur pour 2 heures au plus.

GÂTEAU AU FROMAGE ET AUX FRAISES

Ce succulent gâteau à la ricotta recouvert de fraises n'en sera que meilleur s'il est préparé la veille. Vous ajouterez les fraises au dernier moment. Pour 8 personnes.

INGRÉDIENTS

*90 g de biscuits sablés
45 g de beurre
30 g de sucre cristallisé
500 g de ricotta
175 g de sucre en poudre
15 cl de crème fraîche épaisse
3 œufs bien frais, blancs et jaunes séparés
le jus et le zeste finement râpé de 1 citron
1 cuillerée à café d'extrait de vanille
500 g de petites fraises bien mûres et équeutées
250 g de gelée de groseilles*

PRÉPARATION

1 Préchauffez le four à 150 °C (thermostat 2). Tapissez de papier d'aluminium le fond et les parois d'un moule de 20 cm de diamètre.
2 Sur le plan de travail, écrasez les biscuits avec un rouleau à pâtisserie. Faites fondre le beurre dans une petite casserole, mettez les biscuits et le sucre cristallisé, mélangez bien et pressez avec le fond d'un bocal. Réservez.
3 Placez la ricotta dans un saladier, écrasez-la avec une fourchette, ajoutez le sucre en poudre, la crème fraîche, les jaunes d'œufs, le jus et le zeste de citron, puis l'extrait de vanille. Battez bien.
4 Fouettez les blancs d'œufs en neige très ferme dans un autre bol. Incorporez-les délicatement à la préparation au fromage à l'aide d'une cuillère. Versez sur les biscuits tapissant le fond du moule.
5 Faites cuire 1 h 30 environ, jusqu'à ce que le gâteau au fromage soit ferme au toucher. La pointe d'un couteau plantée en son milieu doit ressortir sèche. Éteignez le four en y laissant le gâteau refroidir. Ne vous inquiétez pas des éventuelles craquelures : elles disparaîtront au fur et à mesure du refroidissement.
6 Sortez le gâteau du four au bout de 1 heure environ, et achevez de le faire refroidir au réfrigérateur.
7 Disposez les fraises en surface, en ne coupant que les grosses. Les petites seront placées la pointe vers le haut, la queue taillée de façon qu'elles soient toutes au même niveau. Dans une petite casserole, faites dissoudre la gelée de groseilles, puis nappez-en les fraises, pour former un glaçage épais et brillant. Attendez que la gelée refroidisse et se solidifie pour servir.

TOURTE AUX MYRTILLES

Cette tourte aux myrtilles peut être réalisée avec d'autres fruits, assortis ou de même espèce. Servez avec une glace à la vanille (page 124), du yaourt épais ou de la crème fraîche. Pour 4 personnes.

INGRÉDIENTS

300 g de farine
175 g de beurre coupé en petits morceaux
30 g de sucre glace
1 jaune d'œuf
GARNITURE
750 g de myrtilles
125 g de sucre en poudre
2 cuillerées à soupe de Maïzena
1 cuillerée à soupe de jus de citron
lait pour le glaçage
sucre en poudre

PRÉPARATION

1 Préchauffez le four à 190 °C (thermostat 5).
2 Tamisez la farine dans un saladier ou dans le bol d'un robot électrique et ajoutez le beurre, le sucre glace et le jaune d'œuf. Travaillez ce mélange avec vos doigts, ou passez-le rapidement au robot électrique.
3 Posez la pâte sur une surface légèrement farinée et divisez-la en deux morceaux, l'un légèrement plus gros que l'autre. Pétrissez pour former 2 boules bien lisses. Enveloppez-les dans du film alimentaire et placez-les quelques minutes au réfrigérateur.
4 Versez les myrtilles, le sucre, la Maïzena et le jus de citron dans un saladier, et mélangez bien.
5 Abaissez au rouleau à pâtisserie, sur une planche farinée, la plus petite boule, de façon à en garnir un moule à tarte ou une tourtière de 25 cm de diamètre. Ajoutez la préparation aux myrtilles, en dégageant une bande de 1 cm sur le pourtour, si vous utilisez une tourtière. Badigeonnez les bords d'eau froide.
6 Abaissez le reste de la pâte et recouvrez-en la préparation aux fruits. Pressez les bords et coupez ce qui dépasse. Cannelez le pourtour de la tourte comme indiqué page 151. Percez quelques trous au milieu et décorez avec les chutes de pâte.
7 Badigeonnez de lait toute la surface, saupoudrez de sucre et faites cuire au four 30 minutes environ. Servez immédiatement.

TARTE AU CITRON

Savoureuse association d'une pâte croustillante et d'une garniture acidulée, ce dessert rafraîchissant se déguste tel quel, mais peut également être servi avec de la crème fraîche. Pour 4 personnes.

INGRÉDIENTS

PÂTE BRISÉE
125 g de farine
75 g de beurre coupé en petits morceaux
GARNITURE
2 beaux citrons
150 g de sucre en poudre
2 œufs
15 cl de crème fraîche épaisse
zeste de citron coupé en lanières (facultatif)

PRÉPARATION

1 Préchauffez le four à 200 °C (thermostat 6).
2 Tamisez la farine dans un saladier ou dans le bol d'un robot électrique et ajoutez le beurre. Travaillez la farine et le beurre avec vos doigts, ou mixez rapidement. Ajoutez un peu d'eau froide – 1 cuillerée à soupe environ – et malaxez pour former une pâte homogène.
3 Posez la pâte sur une surface légèrement farinée et abaissez-la avec un rouleau à pâtisserie, de façon à pouvoir en foncer un moule à tarte à fond amovible de 20 cm de diamètre. Découpez les morceaux qui dépassent en les réservant pour la décoration et piquez la surface en divers endroits.
4 Enfournez et laissez cuire 15 minutes environ, jusqu'à ce que la pâte soit croustillante, ferme au toucher et légèrement dorée. Sortez du four et baissez la température à 130 °C (thermostat 1/2).
5 Préparez la garniture au citron : râpez finement le zeste des citrons dans un saladier et ajoutez leur jus, le sucre et les œufs. Mélangez bien, versez la crème fraîche et fouettez vigoureusement jusqu'à obtenir une mousse ferme.
6 Bouchez les éventuelles craquelures dans le fond de tarte avec les chutes de pâte crue, puis versez-y la garniture au citron. Faites cuire dans le four tiède pendant 40 minutes environ.
7 Sortez la tarte du four, laissez-la refroidir et placez-la au réfrigérateur pour raffermir la crème au citron. Disposez sur un plat de service et décorez avec les lanières de zeste de citron. Servez frais.

TARTE AUX FRUITS

*Tout fruit coloré fera l'affaire, à condition qu'il soit
parfaitement mûr. Pour 4 personnes.*

INGRÉDIENTS

beurre pour graisser la plaque à gâteau
250 g de pâte feuilletée maison (page 150)
ou surgelée
1 œuf battu
6 cuillerées à soupe de confiture d'abricots
1 cuillerée à soupe de jus de citron
100 g de myrtilles
12 fraises équeutées
2 kiwis pelés et coupés en deux dans la longueur,
puis détaillés en tranches
3 figues bien mûres coupées en quatre
100 g de groseilles rouges
8 coquerets (physalis) débarrassés de leur sépale

PRÉPARATION

1 Préchauffez le four à 220 °C (thermostat 7).
Beurrez légèrement la plaque à gâteau.
2 Sur une surface farinée, abaissez la pâte au
rouleau à pâtisserie et découpez un grand carré
de 25 cm de côté ou 4 petits carrés de 12,5 cm
de côté. Posez la pâte sur la plaque à gâteau et
badigeonnez-en les bords d'eau avec un pinceau.
3 Coupez le reste de pâte en longues bandes de
1,5 cm de largeur et recouvrez-en le pourtour
pour former une bordure. Constituez une sorte de
fronce décorative, en pressant sur les bords avec
le dos d'une lame de couteau, puis, le couteau
toujours tenu horizontalement, dessinez des
croisillons, pour faciliter le feuilletage de la pâte.
Badigeonnez la bordure avec l'œuf battu, en
veillant à ce qu'il ne coule pas sur les côtés.
4 Faites cuire au four pendant 20 minutes environ,
jusqu'à ce que la pâte devienne dorée. Retirez du
four et laissez refroidir sur une grille.
5 Mettez la confiture et le jus de citron dans une
petite casserole, et faites diluer à feu doux, puis
versez le mélange dans une passoire posée sur un
saladier pour en ôter les morceaux d'abricots.
Badigeonnez le fond de tarte de ce glaçage.
6 Placez-y les fruits, empilés sur une bonne
hauteur, en posant les fraises en dernier, la pointe
dirigée vers le haut. La partie coupée sera tournée
vers l'intérieur. Inspirez-vous de l'illustration ci-
contre ou trouvez d'autres formes de présentation,
en diagonale, en rangées, ou encore en cercle.
7 Faites réchauffer le reste du glaçage et
recouvrez-en généreusement les fruits à l'aide
d'une cuillère. Laissez le glaçage refroidir et servez
quand il s'est gélifié.

Myrtilles

Jus de citron

Confiture d'abricots

Œuf battu

Pâte feuilletée

Kiwis

Figues

Groseilles rouges

Fraises

Coquerets

LE CHOIX DU MENU

L e choix du menu s'effectue au moment où vous faites vos courses, car votre inspiration est dictée par les produits frais que vous trouvez. Équilibrez les valeurs nutritives des plats, en veillant à varier les couleurs et les textures. Choisissez une vaisselle qui mette en valeur vos préparations. Mais, surtout, élaborez un menu qui aiguise l'appétit de vos convives et satisfasse les goûts de chacun.

BRUNCH ET DÉJEUNER LÉGER

Voici des menus simples, faciles à réaliser, tout indiqués pour
le déjeuner ou le brunch. Un jus de fruits sera un excellent apéritif,
et vous pourrez servir une salade de fruits en entrée.
Si vous devez cuisiner pour un grand nombre de personnes,
n'hésitez pas à mélanger et à adapter plusieurs menus.

BRUNCH

Salade de pâtes chaudes aux tomates et au basilic **ou**
Salade de pâtes chaudes aux poivrons grillés
et à la roquette (page 56)

•

Frittata aux légumes (page 98) **ou**
Soufflé aux quatre fromages (page 26)

Salade composée aux herbes et aux fleurs (page 52)

Petits pains (page 103), servis chauds

•

Tourte aux myrtilles (page 131)

DÉJEUNER LÉGER

Soufflés aux champignons ou au fromage
de chèvre et au thym (page 93)

•

Paella aux légumes (page 113) **ou**
Risotto aux champignons (page 114)

Salade d'endive, cresson de fontaine, fenouil,
oignon rouge et orange (page 48)

•

Gâteau au fromage et aux fraises (page 130)

Soufflé aux quatre fromages

Paella aux légumes

DÎNER ENTRE AMIS

Un repas entre amis est toujours un plaisir, aussi pourquoi ne pas organiser un dîner autour d'un plat unique ? Une fondue, par exemple, ou encore une pizza, qui peut être prévue pour 2 à 6 personnes et servie avec toutes sortes d'accompagnements et de garnitures permettant à chacun, selon son inspiration, de faire ses propres mélanges. Si vous avez de nombreux invités, vous souhaiterez peut-être multiplier les plats principaux. Un menu à base de pâtes, toutefois, vous simplifiera la tâche : il vous suffira de préparer les sauces à l'avance.

PÂTES

Légumes à la grecque (page 60) **ou**
Insalata tricolore (page 51)

•

Farfalle aux brocolis et à la crème (page 88) **ou**
*Rigatoni aux tomates, à l'aubergine
et aux poivrons rouges (page 91)*

Salade de roquette au parmesan (page 53)

•

Assortiment de glaces (pages 124 et 126) **ou**
Fruits frais

DÎNER INDIEN

Triangles aux légumes épicés (page 110) **ou**
Crêpes aux graines de moutarde (page 79)

•

Légumes à l'indienne (page 70)

Pommes de terre à l'indienne (page 86)

Gombos aux épices (page 86) **ou**
Fèves au cumin (page 83)

Ragoût de lentilles aux épinards (page 117)

Riz aux épices (page 115)

•

Sorbet à la rose (page 127) **ou**
Salade de fruits exotiques (page 127)

Rigatoni aux tomates, à l'aubergine et aux poivrons rouges

Légumes à l'indienne

REPAS SIMPLE

Le premier menu s'articule autour d'une simple poêlée ; ce plat,
modulable, sera réalisé en quelques minutes, et le repas pourra s'achever
sur des fruits frais ou des yaourts, ou sera couronné par une glace.
Le second menu est plus délicat : les plats, longs à cuire, devront être
préparés à l'avance, mais ils vous permettront de recevoir un grand nombre
de personnes, sans que vous ayez à vous soucier de leur heure d'arrivée!

REPAS RAPIDE

Poêlée thaïlandaise (page 32),
avec du riz à la créole **ou**
Poêlée de légumes aux amandes grillées (page 72)
avec du riz à la créole

•

Fruits frais, yaourt ou biscuits et fromage

DÎNER PRÉPARÉ À L'AVANCE

Soupe de poireaux et pommes de terre (page 46)

Pain à l'ail ou aux herbes (page 47)
•

Lasagne aux épinards, à la tomate
et à la mozzarella (page 89)

Salade mixte
•

Tarte aux fruits (page 132)

Tarte aux fruits

REPAS MINUTE

Voici quelques suggestions pour les repas de tous les jours,
qui s'adressent aux gens particulièrement pressés. Elles ne concernent
que les plats principaux et les accompagnements simples (une salade,
par exemple). Servez les feuilles de salade avec une vinaigrette à base
de 3 parts d'huile d'olive pour 1 part de vinaigre balsamique,
salée et poivrée au moulin.

Omelette aux fines herbes

——— **1** ———

Omelette aux fines herbes (page 14)

Salade mixte

——— **2** ———

Insalata tricolore (page 51)

Salade de pâtes chaudes (au choix, page 56)

——— **3** ———

Brie en friture, sauce à l'abricot (page 97)

Salade mixte

Pain croustillant

——— **4** ———

*Feuille-de-chêne, avocat et noix de cajou
(page 50)*

Pain croustillant

Assortiment de fromages

——— **5** ———

Salade à la niçoise (page 53)

Baguette

——— **6** ———

Légumes d'hiver rôtis (page 75)

Sauce aux herbes express (page 123)

Pain croustillant

——— **7** ———

Ragoût de lentilles aux épinards (page 117)

Rondelles de tomates et d'oignons

Galettes et chutney à la mangue

——— **8** ———

Légumes rôtis à la provençale (page 75)

Olives

Pain croustillant

Salade mixte

——— **9** ———

Frittata aux légumes (page 98)

Cresson de fontaine

Frittata aux légumes

RÉCEPTION

Ces recettes conviennent à deux types de réception : le buffet apéritif, où l'on présente, avec les boissons, des amuse-gueule, et le buffet traditionnel, plus consistant, où chacun se sert. Dans les deux cas, le choix de la vaisselle est important : jouez les camaïeux ou osez les contrastes. Pour la quantité, évaluez le nombre de tranches par personne, puis multipliez par le nombre d'invités.

APÉRITIF

Sauce au fromage de chèvre (page 58), avec crudités

Guacamole (page 59), avec crudités

•

Tartelettes (au choix, page 105)

Assortiment de préparations à base de pâte de filo (au choix, pages 109-110)

Crostini (page 47)

Aubergines naines farcies aux champignons (page 64)

Champignons au fromage (page 65)

•

Salade de fruits exotiques (page 127)

BUFFET

Sauce au concombre et à la menthe, Sauce aux noix de cajou et au curry, Sauce aux champignons (pages 58-59), avec toasts Melba (page 47) ou crudités

•

Terrine de tomates, courgettes, poivron rouge et basilic (page 10)

Roulade aux épinards, au fromage et au poivron (page 96)

Parmigiana di melanzane (page 74)

Salade de pommes de terres nouvelles (page 50)

Salade de riz aux herbes, à l'avocat et aux noix de cajou (page 57)

Salade composée aux herbes et aux fleurs (page 52)

Chou blanc en salade (page 50)

Pain à l'ail ou aux herbes (page 47), servi chaud

•

Tarte au citron (page 131) **ou** *Roulade au chocolat et au gingembre (page 125)*

Fleurs aux asperges et Aumônières

Roulade aux épinards

PIQUE-NIQUE ET BARBECUE

L'été venu, quoi de plus réjouissant qu'un repas en plein air? Tous les petits plats destinés au pique-nique seront soigneusement rangés dans des boîtes hermétiques et placés dans le panier traditionnel. Le menu barbecue sera orienté vers les falafels cuits directement sur le gril ou frits dans une grande poêle placée au-dessus des braises. Les légumes seront saisis sur le gril et retournés, afin qu'ils dorent sur toutes les faces. Qu'il s'agisse d'un pique-nique ou d'un barbecue, n'oubliez pas de prévoir un pain croustillant à la mie bien tendre.

PIQUE-NIQUE

Flamiche au poireau et au sésame

Tarte au brocoli et au brie (page 28) **ou**
Tarte aux poireaux et sésame (page 105)

Taboulé (page 57)

Poivrons farcis aux légumes grillés (page 65)

Salade à la niçoise (page 53)

•

Brownies aux deux chocolats
et aux noisettes (page 125) **ou**
Fruits frais

BARBECUE

Gaspacho (page 45)

•

*Falafel (page 117), avec sauce aux tomates fraîches
ou aux tomates séchées (page 121)*

Légumes rôtis à la provençale (page 75)

*Salade verte au fromage de chèvre
et aux noix (page 52)* **ou**
Salade de roquette au parmesan (page 53)

Pommes de terre ou maïs cuits sous la cendre

•

Tourte aux myrtilles (page 131) **ou**
Tarte au citron (page 131)

Poivrons farcis aux légumes grillés

Gaspacho

REPAS DE FÊTE

Voici deux menus plus particulièrement réservés aux repas de fête, voire aux
cérémonies. Ces mets sont élaborés, certes, mais ne présentent pas de difficultés
de réalisation majeures. Certains de ces plats, telles les roulades, se préparent
à l'avance et ne demandent que quelques instants d'attention à la dernière minute.
Qu'il s'agisse d'entrée, de plat de résistance ou de dessert, ils sont extrêmement faciles
à confectionner et n'exigent qu'une judicieuse répartition de votre emploi du temps.
Pour vous assurer du parfait déroulement de la réception, n'hésitez pas
à tester les recettes et à jouer la carte des variantes.

RÉCEPTION D'HIVER

*Terrine de poireaux au bleu et au cresson
de fontaine (page 69)*

Sauce au vin rouge (page 121)

•

Gougère en couronne (page 108)

Gratin dauphinois (page 80)

Épinards muscadés (page 83)

•

Fraises à la Pavlov (page 130) **ou**

*Sorbet aux fruits de la Passion et au citron vert
(page 127)*

RÉCEPTION D'ÉTÉ

*Soupe de concombre à l'estragon (page 46),
glacée,* **ou**

Artichauts farcis à la tomate (page 22)

•

*Roulade au gruyère, aux herbes et aux asperges
(page 34)*

Salade composée aux herbes et aux fleurs (page 52)

*Rubans de carottes et de courgettes au pistou
(page 82)*

Pommes de terre nouvelles

•

Gâteau au fromage et aux fraises (page 130) **ou**
Sorbet à la rose (page 127)

Fraises à la Pavlov

NOËL

Traditionnelle fête familiale, Noël est l'occasion rêvée de réaliser des plats raffinés qui enchanteront ceux que l'on aime. Tentez le merveilleux pâté en croûte aux tomates et aux noix de cajou, le chausson aux légumes ou encore une roulade aux couleurs chatoyantes qui séduira les regards… Quelle que soit la recette choisie, prenez des légumes de saison lorsqu'ils sont au meilleur de leur récolte, et accompagnez-les de quelques délicieuses petites sauces. Optez pour une entrée simple, mais pensez à clore le repas par un dessert plus sophistiqué pour terminer le repas en beauté.

REPAS DE NOËL 1

Salade d'endive, cresson de fontaine, fenouil, oignon rouge et orange (page 48) **ou**
Soufflés au fromage de chèvre et au thym (page 93)

•

Pâté en croûte aux tomates et aux noix de cajou (page 106) **ou**
Chausson aux légumes (page 16)

Sauce au vin rouge (page 121)

Éventails de pommes de terre rôties (page 81)

Poireaux à l'étuvée au persil (page 83)

Purée de céleri (page 83)

•

Roulade au chocolat et au gingembre (page 125) **ou**
Poires pochées à la vanille, avec sauce au chocolat (page 124)

REPAS DE NOËL 2

Crêpes à la crème de poireau et d'estragon (page 38) **ou**
Terrine de potiron, de brocolis et de poireaux (page 69)

•

Roulade au cheddar et champignons (page 94)

Sauce au vin rouge (page 121)

Chou rouge aux épices et aux pommes (page 87)

Julienne de chou-rave (page 82) **ou**
Légumes d'hiver rôtis (page 75)

•

Parfait à l'amaretto et au coulis de framboises (page 126) **ou**
Salade de fruits exotiques (page 127)

Pâté en croûte aux tomates et aux noix de cajou

Crêpes à la crème de poireau et d'estragon

LES TECHNIQUES

Un des plus grands plaisirs de la cuisine est
de sélectionner les produits du marché de tout
premier choix : les meilleurs fruits et légumes,
les œufs les plus frais, les herbes et les épices
de qualité, bref de transformer de simples
ingrédients de base en mets élaborés et savoureux.
Ce chapitre vous apporte des informations utiles,
des astuces pour vous aider à préparer
les artichauts, faire une sauce Béchamel, une pâte
à crêpes, cuire le riz et réaliser une superbe tarte.
Vous y trouverez également une liste d'ingrédients
essentiels, qu'il convient d'avoir en réserve, ainsi
que des conseils sur l'équipement
et le matériel nécessaires.

LA PRÉPARATION DES LÉGUMES

Ces techniques simples contribuent à faire de la cuisine un véritable plaisir. La gousse d'ail pelée, par exemple, sera hachée avec un couteau de cuisine bien aiguisé, ou écrasée avec le plat de la lame. Les tomates ébouillantées se pèleront plus facilement. La fine peau qui recouvre les poivrons est très indigeste, mais elle sera ôtée sans difficulté, après avoir été passée sous le gril. Vous trouverez, au fil des pages suivantes, des indications relatives à la préparation et aux modes de cuisson des légumes, ainsi que de nombreuses idées de présentation.

PELER UNE TOMATE

Recouvrez la tomate d'eau bouillante. Au bout de 10 secondes, enfoncez la pointe d'un couteau dans la peau. Si elle se fend tout de suite, égouttez la tomate et pelez-la ; sinon, attendez quelques secondes de plus.

PELER UN POIVRON

Coupez le poivron en quatre. Placez les morceaux sous le gril, la peau sur le dessus, jusqu'à ce qu'elle se boursoufle et noircisse. Laissez refroidir. Pelez, puis retirez la queue et les pépins.

HACHER LES HERBES FRAÎCHES

Passez les herbes sous l'eau, puis essorez-les, ou séchez-les sur du papier absorbant. Retirez les longues tiges et hachez les herbes au couteau. D'une main, maintenez la lame vers le bas, tout en imprimant au manche, de l'autre main, un mouvement de bascule. Hachez les herbes finement.

DÉCORATION

La décoration d'un plat est la touche personnelle.
Plus elle est simple, plus elle est réussie.
Il suffit de savoir utiliser de manière originale
les ingrédients de la recette.

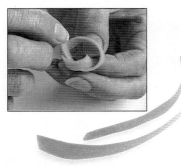

NŒUDS DE CAROTTE
*Découpez une longue bande
de carotte et formez un nœud assez
lâche.*

LANIÈRES DE CITRON
*Pelez un citron, éliminez toute
la partie blanche et coupez le zeste
en fines lanières.*

PETITS OIGNONS BOUCLÉS
*Fendez l'oignon sur chaque extrémité,
en le tournant. Plongez-le dans l'eau
glacée : des boucles apparaîtront
de chaque côté.*

BÂTONNETS ET DÉS DE LÉGUMES

Cette méthode permet de préparer de nombreux
légumes, et pas seulement les carottes. Vous
obtiendrez de meilleurs résultats en pelant
d'abord les légumes.

1 *Coupez les légumes en tranches
de 5 mm d'épaisseur, ou plus
finement, en julienne.*

2 *Détaillez les tranches de légumes
en bâtonnets plus ou moins fins.*

3 *Coupez les bâtonnets en dés, qui
seront utilisés pour les soupes,
les sauces et les garnitures.*

LA PRÉPARATION DES LÉGUMES

HACHER UN OIGNON

1 Parez l'oignon et pelez-le. Après l'avoir soigneusement lavé, coupez-le en deux dans le sens de la hauteur.

2 Détaillez l'oignon en lamelles plus ou moins fines, en suivant les veinures.

3 Retournez l'oignon et hachez-le dans l'autre sens, à angle droit.

ÉPÉPINER UN PIMENT

Il existe de nombreuses sortes de piments, dont la force varie considérablement. Il est difficile de les identifier, mais on peut dire, en règle générale, que plus ils sont petits, plus ils sont forts. Dans l'incertitude, demandez conseil ou, mieux encore, goûtez, mais… prudence !

1 Fendez le piment, puis retirez-en les graines, les parties blanches et la queue.

2 Passez le piment sous le robinet. Coupez-le en lanières, dans la longueur, puis dans l'autre sens, en petits dés.

ARTICHAUTS : PRÉPARATION DU CŒUR

FARCE (CUITE)

1 Coupez l'artichaut en deux et enlevez la queue, puis effeuillez-le de façon à ne garder que le cœur. Aspergez-le de jus de citron.

2 Ôtez les feuilles centrales et le foin. Rincez et faites cuire le cœur dans de l'eau bouillante, jusqu'à ce qu'il soit tendre. Préparez selon la recette.

1 Après avoir fait bouillir l'artichaut, écartez les feuilles extérieures et centrales, et enlevez le foin. Garnissez comme il est suggéré dans la recette.

NETTOYER LES POIREAUX

1 Coupez les racines et enlevez les feuilles abîmées ou très filandreuses.

2 Fendez les poireaux sur la moitié de leur longueur ; rincez soigneusement à l'eau froide, en ouvrant les feuilles intérieures, de façon à bien les nettoyer.

AIL

Tournez les gousses d'ail entre vos doigts pour en libérer la peau et épluchez-les. Hachez la chair avec un petit couteau bien aiguisé. Pour écraser les gousses d'ail, pressez-les avec le plat de la lame.

FEUILLES DE SALADE

Conservez la salade dans le bas du réfrigérateur. Lavez les feuilles à grande eau et essorez-les ou laissez-les égoutter dans une passoire avant de les sécher sur du papier absorbant.

LES MODES DE CUISSON

« MI-VAPEUR »

Pour 750 g de légumes verts, faites bouillir 1 cm d'eau et plongez-y les légumes, coupés en morceaux. Reportez à ébullition, couvrez à moitié, et laissez cuire quelques minutes, jusqu'à ce que les légumes soient tendres.

POÊLÉE

Un wok en inox est l'idéal, mais vous pouvez aussi bien utiliser une simple poêle. Préparez les légumes à l'avance, puis faites chauffer 1 cuillerée à soupe d'huile d'arachide. Quand l'huile fume, jetez-y les légumes et remuez vivement, jusqu'à ce qu'ils soient cuits à point, tout en restant croquants.

BAIN-MARIE

Si vous préparez un plat délicat, une terrine à base d'œufs, par exemple, placez le moule dans un grand récipient rempli d'eau bouillante et mettez-le à four doux. Vous pouvez aussi utiliser la gazinière : portez de l'eau à frémissement dans un plat creux ou une grande casserole, afin d'atteindre la température requise pour réaliser une sauce hollandaise, une sauce au chocolat, ou simplement pour garder au chaud un plat.

À LA VAPEUR

C'est le meilleur moyen de cuire les légumes de petite ou de moyenne taille, exception faite des légumes à feuilles, pour lesquels la cuisson mi-vapeur (voir ci-contre) convient mieux. Pour ce type de cuisson, un cuit-vapeur est l'idéal : une partie des légumes cuisent à la vapeur, l'autre à mi-vapeur. Cela permet un gain de place et de temps.

FRITURE

Pour une petite quantité d'ingrédients, prenez plutôt une sauteuse et non une friteuse traditionnelle. Pour de plus grandes quantités, un wok peut être d'une grande utilité. Emplissez la friteuse ou la sauteuse à mi-hauteur de l'huile choisie (arachide, soja ou tournesol) ; l'huile doit être bien chaude : 180 °C. Prenez un thermostat de cuisine ou plongez le manche d'une spatule en bois ou en métal dans l'huile ; si des bulles se forment instantanément, la température idéale est atteinte. Séchez bien les aliments avant de les plonger dans l'huile, et retirez-les avec une écumoire pour les faire égoutter sur du papier absorbant. Il est conseillé de remplacer l'huile de friture après deux utilisations.

ŒUFS ET LAIT

Les œufs sont des ingrédients indispensables à la réalisation de nombre de recettes. Ainsi les soufflés, avec des blancs d'œufs en neige, ou les crèmes et terrines, avec des jaunes battus, et, bien sûr, la célèbre omelette.

Quant au lait, il entre dans la composition de nombreuses sauces traditionnelles, comme la béchamel, entre autres, mais aussi dans celle de la pâte à crêpes.

SAUCE BÉCHAMEL

Pour 30 cl
30 g de beurre
30 g de farine
35 cl de lait

FAIRE LE ROUX

AJOUTER LE LAIT

1 Faites fondre le beurre dans une casserole, sur feu doux, ajoutez la farine et mélangez pendant 1 à 2 minutes, jusqu'à ce qu'elle soit bien incorporée.

2 Versez 1/3 du lait et mélangez bien ; la préparation va épaissir et devenir grumeleuse. Reversez 1/3 du lait, mélangez à nouveau, puis le dernier tiers, et mélangez encore une fois.

3 Faites mijoter à feu doux de 7 à 10 minutes, puis vérifiez la consistance : la sauce doit pouvoir napper une cuillère (si elle est trop liquide, ajoutez quelques minutes de cuisson ; trop épaisse, versez un peu de lait en tournant).

FAIRE UNE OMELETTE

1 Faites cuire l'omelette sur feu doux, en répartissant les œufs vers les bords de la poêle. Lorsque le dessous est cuit et la surface baveuse, décollez-la avec une spatule et pliez-en un tiers.

2 Inclinez la poêle et faites glisser l'omelette sur un plat chaud. Ramenez la partie pliée sur elle-même, en vous aidant d'une spatule, de sorte que l'omelette soit pliée en trois.

OMELETTES FOURRÉES
Placez la garniture au centre avant de plier l'omelette. Les omelettes sucrées peuvent être nappées de confiture avant le pliage.

SÉPARER LES ŒUFS

Prenez soin d'utiliser un récipient parfaitement propre. Cassez l'œuf au-dessus, en laissant couler le blanc dans le récipient. Transvasez le jaune à plusieurs reprises d'une demi-coquille à l'autre pour que le maximum de blanc puisse s'écouler. Prenez garde de ne laisser tomber aucune goutte de jaune dans les blancs, car ils ne monteraient pas en neige.

PÂTE À CRÊPES

Pour 12 crêpes de 15 cm de diamètre.

INGRÉDIENTS

125 g de farine complète
1 pincée de sel
2 œufs
1 cuillerée à soupe d'huile d'olive ou de beurre fondu
30 cl de lait

PRÉPARATION

1 Au robot électrique : versez tous les ingrédients dans le bol du robot, et actionnez l'appareil jusqu'à obtention d'une consistance onctueuse.
2 Au fouet manuel : tamisez la farine et le sel dans un saladier. Formez une cheminée au centre et cassez-y les œufs. Ajoutez l'huile ou le beurre. Fouettez le mélange et versez-y le lait peu à peu, jusqu'à ce que la pâte soit lisse.

Faire sauter les crêpes pour la Chandeleur est une tradition de longue date. En utilisant une poêle plus petite et en versant une couche de pâte plus épaisse, vous obtiendrez de délicieux blinis.

LES PÂTES DE BASE

Qu'elles soient brisées ou feuilletées, les pâtes ne sont pas aussi difficiles à préparer que la plupart des gens le pensent. Il vous suffira d'apprendre les techniques de base pour réaliser de succulentes recettes : tartes, tourtes, etc. Les feuilles de filo sont longues à confectionner, aussi est-il préférable de les acheter.

PÂTE BRISÉE

*Pour 1 tourte de 20 cm de diamètre
ou 4 tartes individuelles de 10 cm
ou 8 (voire plus) tartelettes, selon leur diamètre.*

INGRÉDIENTS

*60 g de farine complète
60 g de farine blanche
1 pincée de sel
60 g de beurre coupé en petits morceaux
1 jaune d'œuf (facultatif)
2 cuillerées à soupe d'eau*

PRÉPARATION

1 Tamisez les farines et le sel dans un grand saladier.

2 Mettez-y le beurre et travaillez rapidement l'ensemble avec les doigts ou dans le bol d'un robot électrique, jusqu'à ce que la pâte s'émiette en petites boules.

3 Ajoutez éventuellement le jaune d'œuf (il donne à la pâte une texture plus légère) et juste assez d'eau froide pour former une boule qui se décolle du récipient. Enveloppez-la dans un film alimentaire et laissez-la reposer au réfrigérateur pendant 30 minutes; elle va lever.

4 Préchauffez le four à 220 °C (thermostat 6).

5 Abaissez la pâte sur une planche légèrement farinée. Pour les tartes individuelles, divisez la pâte en quatre et abaissez chaque part. Utilisez la planche pour faire glisser la pâte dans le moule (voir illustration page ci-contre, en haut).

6 Étalez la pâte dans les moules graissés. Exercez une légère pression sur la pâte pour bien la mettre en place, coupez la partie qui dépasse et piquez la surface avec une fourchette. Pour éviter que la pâte ne forme des cloques, faites-la cuire à blanc : étalez sur la pâte du papier sulfurisé et placez-y des haricots secs avant de la passer au four.

7 Enfournez la pâte au centre du four préchauffé, pour 15 minutes, puis retirez les haricots et le papier sulfurisé et laissez cuire 10 minutes de plus, jusqu'à ce que la pâte soit croustillante.

PÂTE FEUILLETÉE EXPRESS

Pour 300 g de pâte environ.

INGRÉDIENTS

*175 g de farine blanche ménagère
1 pincée de sel
15 g de beurre froid
quelques gouttes de jus de citron
1 petit pichet d'eau glacée*

PRÉPARATION

1 Tamisez la farine et le sel dans un grand saladier. Placez-le au réfrigérateur ou au congélateur pendant 30 minutes au moins, pour que les ingrédients soient bien froids.

2 Coupez le beurre en flocons et ajoutez-les à la farine.

3 Versez quelques gouttes de jus de citron, puis mélangez avec une fourchette en versant peu à peu l'eau glacée, jusqu'à obtention d'une pâte qui se détache parfaitement des bords du saladier.

4 Formez une boule, enveloppez-la dans un film alimentaire et mettez-la 30 minutes au réfrigérateur.

5 Préchauffez le four à 200 °C (thermostat 6).

6 Abaissez la pâte sur une planche légèrement farinée et foncez-en un moule.

FEUILLES DE FILO

• *Les recettes figurant dans cet ouvrage sont réalisées avec des feuilles de filo mesurant environ 20 x 32 cm.*

• *Badigeonnez de beurre une feuille de filo et recouvrez-la d'une autre feuille; vous obtiendrez ainsi un feuilleté exceptionnel. N'utilisez pas de beurre en cas de régime basses calories...*

• *Les feuilles de filo se dessèchent vite et deviennent friables au contact de l'air. Sortez-les donc au fur et à mesure, et gardez-les bien enveloppées dans un film alimentaire ou dans un linge humide avant utilisation.*

PRÉPARER UNE TARTE

La pâte à base de farine complète est friable, il sera donc nécessaire de la faire glisser de la planche dans le moule. La méthode (étape 4) pour « étanchéiser » la pâte avant d'y mettre la garniture permet d'obtenir une base croustillante.

1 Laissez la pâte abaissée sur la planche de travail, en vous assurant qu'elle ne soit pas collante. Maintenez la planche sur le bord du moule et inclinez-la pour faire glisser la pâte.

2 Appliquez délicatement la pâte sur les bords du moule et exercez une légère pression pour bien la tenir en place.

3 Avec un rouleau à pâtisserie, détachez la pâte qui dépasse sur les bords du moule. Piquez la surface avec une fourchette et étalez du papier sulfurisé ou d'aluminium, et posez des haricots secs. Faites cuire la pâte au four, environ 15 minutes. Retirez le papier et les haricots.

4 Faites chauffer 2 cuillerées à soupe d'huile dans une petite casserole. Dès la sortie du four, étalez l'huile chaude sur la pâte bouillante, à l'aide d'une cuillère ; elle va grésiller, la surface va frire et la pâte sera « étanchéisée ».

PRÉPARER UNE TOURTE

Déposez la garniture en monticule, pour donner à la tourte une forme bombée. Les ingrédients de la garniture doivent être bien froids, sinon la pâte feuilletée pourrait commencer à fondre.

1 Pour que les bords de la tourte forment des écailles, cannelez le pourtour à l'aide d'un couteau, en maintenant le bord avec le doigt et en exerçant une pression avec le dos du couteau.

2 Avec les chutes de pâte, formez des losanges et incisez-les avec la pointe d'un couteau pour faire des nervures. Disposez-les sur la tourte et badigeonnez-les d'eau ou de lait pour bien les souder.

3 Pour glacer, badigeonnez la surface avec du lait ou de l'œuf battu avec 1 pincée de sel (le sel permet un glaçage plus brillant). Découpez

une cheminée pour que la vapeur puisse s'échapper. Vous pouvez décorer les tourtes de motifs variés : cœurs, étoiles, feuilles, etc.

LÉGUMES SECS, CÉRÉALES, ÉPICES

Le riz, le millet et autres céréales, les haricots secs, les lentilles, les noix, les amandes et les noisettes sont très riches en protéines, et donc d'une grande valeur nutritionnelle. L'extrême diversité des légumes secs et des céréales permet de réaliser des recettes tout aussi variées. Ne vous limitez donc pas aux recettes de base, et laissez libre cours à votre imagination pour réaliser vos propres créations.

CUISSON DU RIZ

Il existe une grande variété de riz, et tout est affaire de goût. Le riz à longs grains brun est excellent, mais le riz blanc à longs grains est également délicieux, et le riz basmati a une saveur délicate, qu'il soit blanc ou brun. Pour faire des risottos, mieux vaut utiliser du riz italien à grains ronds. Les riz gluants à grains ronds ou les riz collants entrent dans la composition de recettes asiatiques. Le riz sauvage mélangé à d'autres variétés est très apprécié.

CUISSON À L'EAU : 1RE MÉTHODE

Prenez 1 mesure de riz pour 2 mesures d'eau, ou 250 g de riz pour 60 cl d'eau. Versez l'eau dans une casserole et jetez-y le riz; portez à ébullition. Couvrez et baissez le feu pour laisser cuire le riz jusqu'à ce qu'il soit tendre, mais ferme sous la dent, et que l'eau se soit évaporée. Retirez la casserole du feu et maintenez-la couverte pendant 5 à 10 minutes. Aérez le riz avec une fourchette.

CUISSON À L'EAU : 2E MÉTHODE

Portez 3 l d'eau à ébullition dans une casserole. Versez 250 g de riz et remuez. Laissez cuire le riz jusqu'à ce qu'il soit tendre : 12 minutes pour le riz blanc à longs grains, 20 à 25 minutes pour le riz brun, environ 10 minutes pour le basmati blanc, et 15 minutes pour le brun. Égouttez et rincez le riz sous l'eau chaude, égouttez encore et versez dans un plat de service préchauffé.

RIZ À GRAINS RONDS

Le riz gluant à grains ronds est très utilisé dans la cuisine thaïlandaise, chinoise et japonaise. Les grains ayant une forte teneur en amidon, ils collent entre eux. C'est, bien sûr, le riz idéal pour la réalisation de recettes asiatiques, d'autant que l'on peut aisément le manger avec des baguettes. Pour le riz sucré ou le risotto, c'est cette variété qu'il faut choisir; faites-le cuire à l'eau (2e méthode).

TEMPS DE CUISSON DU RIZ

Ces temps de cuisson ont été calculés, comme pour la 2e méthode de cuisson à l'eau, sur la base de 250 g de riz pour 60 cl d'eau. (Deux exceptions : pour le riz basmati, mettez un peu moins d'eau, et, pour le riz brun, un peu plus.) Vous pouvez saler l'eau de cuisson, mais cela n'est pas indispensable. Rincez abondamment le riz basmati avant cuisson, jusqu'à ce que l'eau soit parfaitement claire.

Riz blanc à longs grains 15-20 minutes

Riz brun à longs grains 40-45 minutes

Riz blanc basmati 10-15 minutes

Riz brun basmati 15-20 minutes

Riz gluant à grains ronds 20 minutes

Riz sauvage 45 minutes

COUSCOUS ET BOULGHOUR

Mettez 1 cuillerée à soupe d'huile dans une casserole, avec 35 cl d'eau et 1 cuillerée à café de sel. Portez à ébullition, puis versez 250 g de couscous ou de boulghour. Laissez gonfler, hors du feu, respectivement 2 minutes et 10 minutes. Ajoutez du beurre, remettez sur feu doux, en détachant les graines avec une fourchette, 3 minutes environ.

LÉGUMES SECS

Recouvrez les légumes d'eau froide et laissez-les tremper pendant 8 à 12 heures. Égouttez-les, rincez-les et mettez-les dans un faitout, couvrez-les de leur poids d'eau fraîche et portez à ébullition sur feu vif, pendant 10 minutes, puis baissez le feu et laissez frémir 1 heure à 1 h 30.

ÉPICES ET AROMATES

Merveilleusement aromatiques, ils parfument de nombreux plats. Ainsi, le sésame et les graines de fenouil, à la saveur discrète, le cumin, la cardamome et la coriandre, au goût plus relevé, exaltent la qualité gustative des aliments.

GRAINES D'ÉPICES SAUTÉES

Pour en rehausser la saveur, écrasez les graines et faites-les sauter dans une poêle ne contenant aucun corps gras. Le cumin, la coriandre, le fenouil et la cardamome se prêtent particulièrement bien à ce mode de préparation. Les graines de sésame, quant à elles, sont délicieuses, juste passées sous le gril, mais veillez à ce qu'elles ne brunissent pas.

Cumin   *Sésame*

PRÉPARER L'ANIS ÉTOILÉ

Vous pouvez soit utiliser les « étoiles » entières, soit écraser les sépales entre vos doigts pour en dégager les fines graines. Employez-les telles ou légèrement broyées.

PRÉPARER LA CARDAMOME

Dans un mortier, pilez les gousses de cardamome et incorporez-les dans le plat épicé ; vous pouvez aussi les écraser, pour prélever les graines qu'elles renferment, et réduire celles-ci en poudre fine.

RÂPER LE GINGEMBRE

Lavez le gingembre, mais ne le pelez pas ; la peau partira d'elle-même lorsque vous le râperez. Râpez-le sur la grille fine d'une râpe.

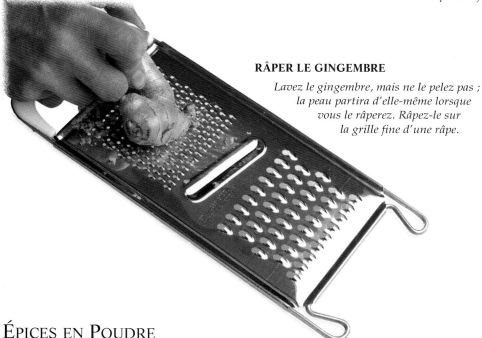

ÉPICES EN POUDRE

Beaucoup d'épices sont vendues en poudre. Cependant, elles perdent vite de leur arôme, et il convient donc d'inspecter régulièrement les flacons, pour en vérifier la qualité aromatique. N'achetez des épices en poudre qu'en petite quantité, et utilisez-les rapidement. Mais le mieux est évidemment de les broyer soi-même.

FRUITS SECS ET GRAINES GRILLÉS

Étalez les fruits secs tels que noix, noisettes, amandes, etc., ou les graines sur une lèche-frite, et passez-les sous le gril du four à 180 °C (thermostat 4). Utilisez-les de suite, ou conservez-les dans une boîte hermétique pendant quelques jours.

LA CONSERVATION DES ALIMENTS

Pour mitonner de bons petits plats en un minimum de temps, il est indispensable d'avoir un certain nombre de produits de base à portée de main, à ranger dans le meuble approprié.

Vous pourrez ainsi préparer de délicieux repas selon vos envies du moment. Conservez les herbes séchées et les épices dans des bocaux et des flacons décoratifs, et placez-les sur une étagère.

•

LE PLACARD

Un placard placé en lieu sec et aéré est le meuble idéal pour conserver les denrées non périssables. Certaines d'entre elles pourront cependant être stockées dans une réserve. Il est préférable d'acheter les farines, les graines et les céréales en petites quantités, et de les conserver dans des pots en grès, ou encore de les empaqueter dans des petits sachets en papier transparent, dès qu'ils seront entamés.

FRUITS ET LÉGUMES
La plupart des fruits et des légumes doivent être conservés dans le bas du réfrigérateur. Les fruits secs, comme les abricots, les pruneaux ou les raisins, seront, eux, placés dans le placard, ainsi que les citrons, les pommes et les bananes, les avocats en attente de maturation, les mangues, les oignons, l'ail et les pommes de terre.

FINES HERBES
Les herbes fraîches en pots seront placées sur le rebord d'une fenêtre.

ASSAISONNEMENTS
Ingrédients indispensables :
• sel fin, gros sel
• poivre noir dans un moulin
• vinaigre de vin blanc et rouge, vinaigre balsamique
• sauce soja de première qualité, sans colorant ni caramel
• pâte de sésame
• différentes sortes de miel
• champignons séchés
• bouillon en cubes
• racine de gingembre au sirop

ÉPICES
Achetez-les par petites quantités, elles seront ainsi toujours fraîches et parfumées. Classez les petits flacons par ordre alphabétique, sur une étagère, au-dessus de la surface de travail.

HUILES
Huiles indispensables :
• huile d'olive extra-vierge, de première pression
• huile d'arachide pour le bain des fritures
• huile de sésame pour les poêlées asiatiques
• huile de noix ou de noisettes pour certaines salades

CONSERVES
• cœurs d'artichauts
• tomates pelées au jus
• différentes légumineuses : lentilles vertes, haricots rouges, pois chiches, fèves, etc.
• pousses de bambou et champignons noirs pour les mets asiatiques

ALIMENTS EN SACHETS
Il est bon de les avoir à portée de main, mais ils ne se conservent pas indéfiniment; il faut donc les répertorier régulièrement et jeter ceux dont la date de péremption est dépassée. Voici les principaux :
• différentes sortes de pâtes
• farine blanche et farine complète
• Maïzena et fécule de pomme de terre
• boulghour, couscous et polenta
• riz à longs grains, blanc et brun, ainsi que riz basmati; riz à grains ronds pour le risotto
• lentilles vertes ou rouges
• sucre brun; sucre semoule avec une gousse de vanille

ÉPICES ET AROMATES

Feuilles de laurier
Cardamome
Poivre de Cayenne ou piment en poudre
Cannelle en poudre
Curry
Clous de girofle, entiers et moulus
Coriandre, en grains et moulue
Cumin, en grains et moulu
Graines de fenouil
Cinq-épices en poudre
Gingembre moulu ou râpé
Moutarde
Graines de moutarde
Noix muscade entières
Paprika
Safran
Anis étoilé
Curcuma
Gousses de vanille

LE RÉFRIGÉRATEUR

La cuisine au naturel utilise beaucoup de produits frais. Il est donc conseillé de se doter d'un grand réfrigérateur. Plus il sera grand, plus vous pourrez y conserver de fruits et de légumes, tellement essentiels dans ce type de cuisine. Vous en ferez provision pour toute la semaine. Les produits laitiers, bien évidemment, y trouveront également leur place.

LÉGUMES
Tous les légumes peuvent y être stockés : légumes verts, légumes-racines (sauf les pommes de terre), petits pois, mange-tout, champignons, courgettes, aubergines, poivrons, germes de soja, épis de maïs, oignons nouveaux, asperges, poireaux, fenouils, tomates, céleri, concombre, chou-fleur, brocolis et potiron.

FRUITS
Lorsqu'ils sont parfaitement mûrs, rangez délicatement les fruits dans le réfrigérateur; figues, abricots, pêches, poires, mangues, papayes, fraises, cerises et melon.

HERBES FRAÎCHES
De petits sachets sous vide se placeront dans le réfrigérateur, mais les bouquets d'herbes fraîches (coriandre, persil plat, etc.) se conservent très bien dans une petite carafe d'eau placée sur une étagère ou le rebord de la fenêtre.

ŒUFS
Les œufs fermiers extra-frais sont les meilleurs. Placez-les dans le compartiment à alvéoles du réfrigérateur.

FROMAGES
Le cheddar, le parmesan et le gruyère sont des fromages de base, qui, enveloppés dans du papier d'aluminium, se conservent sans problème au réfrigérateur. Les autres fromages, tels que le camembert, le brie, le fromage de chèvre, la feta, la mozzarella, le bleu, le fromage blanc et bien d'autres encore, se conservent en principe dans un endroit frais, mais ils peuvent, bien enveloppés, être placés dans le bas du réfrigérateur.

LAIT, YAOURT ET CRÈME FRAÎCHE
Ce sont des produits qu'il convient d'acheter en petites quantités, et uniquement en cas de besoin : la fraîcheur est la meilleure garantie de la qualité des laitages.

CORPS GRAS
Le beurre doux et le beurre salé sont des produits de base qu'il convient d'avoir à portée de main. La margarine et la crème de coco, pour les plats indiens, peuvent aussi être conservés au réfrigérateur.

ASSAISONNEMENTS
Voici une liste des plus courants : gingembre frais, olives, pâte de tomates séchées et concentré de tomate, citronnelle, piments frais, moutarde de Dijon, câpres et raifort.

LE CONGÉLATEUR

Il permet de conserver longtemps certains fruits et légumes dont la saison est brève, que vous pourrez ainsi cuisiner au cœur de l'hiver. Si vous devez préparer un repas de fête, vous aurez la possibilité de cuisiner à l'avance plusieurs plats et de les congeler.

FRUITS ET LÉGUMES
Maïs, petits pois, haricots verts et épinards, quelques framboises surgelées pour le plaisir.

PÂTES
Il est utile d'avoir à disposition de la pâte feuilletée et des feuilles de filo (brick).

NOIX, AMANDES ET NOISETTES
Si vous les achetez en quantités importantes, vous pouvez les placer au congélateur, et les utiliser telles, encore congelées, pour la réalisation du plat.

AUTRES ALIMENTS
De petites portions de crème congelée sont bien pratiques lorsqu'il s'agit juste de compléter une sauce ou une soupe. Si vous préparez un bouillon de base, remplissez-en des bacs à glaçons, faites congeler et utilisez au fur et à mesure.

ALIMENTS À CONGELER

- *Pâte à tarte, crue ou cuite*

- *Crêpes cuites, prêtes à être fourrées*

- *Quelques plats préparés, facilement réchauffables (soufflés cuits en deux fois, au fromage ou aux légumes, tartelettes et lasagne en portions individuelles, par exemple)*

- *Petits sachets de feuilles de filo*

LE MATÉRIEL DE BASE

MOULES

Choisissez toujours des moules de bonne qualité ; ils sont plus chers à l'achat, mais ils résisteront de longues années à l'usage. Parmi ceux qui vous serviront le plus : un de 7,5 cm de profondeur et un autre de 5,5 cm de profondeur. Les moules à manqué mesurent généralement 18 cm x 28 cm pour les petits modèles et 25 x 35 cm pour ceux de taille moyenne ; vous pourrez avoir besoin des deux. Un plat à gâteau de belle taille et peu profond conviendra pour faire rôtir les légumes et servira également de plaque à pâtisserie. Des moules de différentes tailles pourront remplir de nombreuses fonctions : un moule rond de 20 cm de diamètre, à fond amovible, pour la plupart des tartes et des tourtes ; des moules de 10 cm de diamètre et de 1,5 cm de hauteur, pour les tartes individuelles ; pour les tartelettes, des petites barquettes que l'on trouve dans différentes formes ; et une plaque à alvéoles (pour les madeleines, par exempe).

POÊLES

N'utilisez, de préférence, que des poêles à revêtement antiadhésif. Une poêle munie d'un couvercle de 28 cm de diamètre sera utilisée pour faire sauter des légumes ou autres aliments. Par ailleurs, une poêle spécialement destinée aux omelettes est recommandée ainsi qu'une autre, moins profonde, pour les crêpes, toutes deux de 15 cm de diamètre.

PLATS DE CUISSON

Pour, respectivement, les gratins dauphinois et les lasagne, des plats rectangulaires de 5 cm de profondeur et de 19 cm x 29 cm, et un autre de 24 cm x 32 cm seront indispensables. D'autres ustensiles, tels des ramequins ou des timbales, un plat à soufflé à bords hauts, un plat ovale, en porcelaine ou en pyrex, et enfin un moule à pizza à fond antiadhésif seront très utiles.

CASSEROLES

De même que pour les moules, constituez-vous une batterie de casseroles de très bonne qualité, en acier inoxydable par exemple, assez chères, mais durables.

WOK

C'est un ustensile très utile pour la réalisation des recettes de ce livre. Il ne servira pas simplement à faire cuire les poêlées de légumes, mais également à faire frire toutes sortes d'aliments. Le wok permet d'utiliser moins d'huile, et ainsi de pouvoir la changer souvent. De préférence, achetez un wok en acier inoxydable muni de poignées résistant à la chaleur.

ROBOT ÉLECTRIQUE

S'il est multi-fonctions, le robot électrique permet de râper, d'émincer, de hacher, de pétrir, de monter des blancs en neige, de préparer des sauces, des soupes, bref, il fait tout ce qu'on lui demande simplement en sélectionnant la fonction désirée ! N'hésitez donc pas à en acheter un qui soit le plus complet possible, en n'oubliant pas l'importance de la capacité. Un batteur électrique, plus maniable, pour les sauces peut compléter cet équipement.

HACHOIR

Il existe des hachoirs électriques, pour les fines herbes, l'oignon et l'ail, mais le hachoir manuel, ou berceau, plus « rustique »

– muni d'une lame en métal –, est tout aussi efficace.

RÂPE

Choisissez-la à trous de différentes tailles et à lame pour émincer. Pour la noix muscade, il existe des râpes spéciales munies d'un compartiment pour y ranger les noix.

CISEAUX DE CUISINE

Pour ciseler les fines herbes et couper les feuilles de filo, par exemple.

COUTEAUX

Un bon couteau de cuisine à lame inoxydable, de 12 cm de longueur, et de très bonne qualité, sera la pièce maîtresse, que vous utiliserez quotidiennement. Munissez-vous également d'un couteau-scie, d'un couteau à trancher et d'un couteau économe.

PILON ET MORTIER

Pas indispensables mais bien utiles pour réduire l'ail en purée ou écraser les épices. Choisissez-les en céramique ou en marbre, et de taille moyenne.

ÉPLUCHE-LÉGUMES

Très pratique pour peler rapidement les pommes de terre, les aubergines et tous les légumes en général.

ROULEAU À PÂTISSERIE

Indispensable pour abaisser les pâtes. De préférence, prenez-en un en bois, avec ou sans poignées, peu importe.

FOUET ÉLECTRIQUE

Irremplaçable pour monter les blancs d'œufs en neige et les mayonnaises, cet appareil peut également remplir de nombreuses fonctions. Choisissez-en un dont les fouets peuvent s'ôter facilement.

INDEX